JN010064

10分で
4cm伸びる！
細くなる！

脚長革命

美筋ヨガ講師
廣田なお
NAO HIROTA

幻冬舎

PROLOGUE

こんにちは。ヨガインストラクターの廣田なおです。モデルさんとは言わないまでも、どんなパンツも似合う、すらっと長い脚を手に入れたい。女性なら一度は願ったことありますよね。私自身ももれなく、そう思っていました。

ですが、太ももやふくらはぎの筋トレをしたり、苦手なランニングを頑張ったりしてみても、全く効果が出ず、むしろ理想とは逆行して、どんどん脚が立派になっていきました。デニムはいつも太ももでパツパツになり、ひざ下丈のスカートをはけば太い足首が見え……。「なんでこんなに頑張っているのに……？」と悲しくなることが何度もありました。

どうにかもっと効率的に脚を長く、細くできないだろうか？　運動音痴で面倒くさがりな私でもできる、簡単な方法はないだろうか？　そんな気持ちが出発点となり、体の構造から筋肉の仕組みまで、解剖学に基づいて徹底的に学びました。そうして出来上がったのが、「美筋《びきん》ヨガ」という独自のメソッドです。

2022年9月に出版した『たった5日でウエスト-7cm 美くびれデザイン』（幻冬舎）では、お腹にくびれを作るメソッドを紹介しました。おかげさまで多くの読者の方から「簡単で実践しやすい」「5日で本当にシルエットが変わってびっくりし

BEFORE

ヨガインストラクターを始めた頃の私。体重は48kgと、現在と変わらないものの、お尻のお肉が脚まで垂れていて、左右のバランスも悪い。

AFTER

最近の私。お尻についていた余分なお肉は消滅し、ヒップラインも上に。パンパンだった太ももはすっきりして、キレイなラインになりました。

た！」という反響を頂きました。そして「次は脚痩せを目指したい」「脚の形のコンプレックスをどうにかしたい！」といったリクエストもたくさん頂きました。

意外に思われるかもしれませんが、脚を長く、細くしたいなら、まずアプローチすべき部位は〝お尻〟です。そのため、この本で紹介するトレーニングも、お尻に効かせるものが中心になっています。

「お尻のトレーニングばかりで、本当に大丈夫？」と不安に思われるかもしれませんが、安心してください。これが最短で脚を長く、細くするトレーニングだとお約束します。むしろ、お尻を飛ばして脚だけをダイレクトに鍛えるのは逆効果。理由はこの後しっかり

PROLOGUE

説明していきますが、お尻の筋肉を目覚めさせることで、脚はみるみる変わります。そればかりか、日常生活でついてしまった「体の使い方のクセ」がリセットされて、体を上手に使えるようになるため、基礎代謝がアップし、ダイエット効果も高まります。

お尻を引き上げて美脚をデザインできれば、全身のシルエットが美しくなり、どんなファッションもかっこよく着こなせるようになります。そしてそれは自信につながって、今まで以上にポジティブに毎日を過ごせるようになります。

この本では私自身を実験台にして作り上げた美脚メソッドをすべて公開しています。「脚を長くするなんて、ワタシには絶対に無理～」と諦めかけている、そこのアナタ！　正しく体を使うコツを習得すれば、何歳からでも長くて細い脚は目指せます。難しいことは一切ありません。ぜひ、私と一緒に美脚デザインにチャレンジしていきましょう。

CONTENTS

今からでも脚は長くなる

みなさん、骨格は生まれつき決まっているから、どうあがいても脚を長くすることはできないと思っていませんか？　たしかに、大人になってから身長を伸ばすことが難しいように、骨格自体を変えることはなかなかできません。

そもそも脚の長さというのは、かかとから脚の付け根までの距離を指します。脚は日ごろの体の使い方のクセなどが原因で、特定の筋肉が弱ったり、筋肉のバランスが崩れることで体が歪《ゆが》み、長さがどんどん変わってしまうという特徴があります。

中でもなぜ脚が短く見えてしまうのか……。原因は主に2つあります。ひとつめが、〝骨盤の歪み〟。座りっぱなしなど、生活の中で体を動かす習慣があまりなかったり、脚を組んだりといった普段何気なくやってしまっている動作や姿勢が原因で、骨盤はどんどん歪んでいきます。みなさんがよく耳にする、猫背や反り腰も骨盤の歪みによるものです。また、**骨盤が歪んで後ろに傾いてしまうと、お尻が下に引っ張られて、垂れる**ことにつながります。お尻が垂れると、お尻自体の面積が大きく

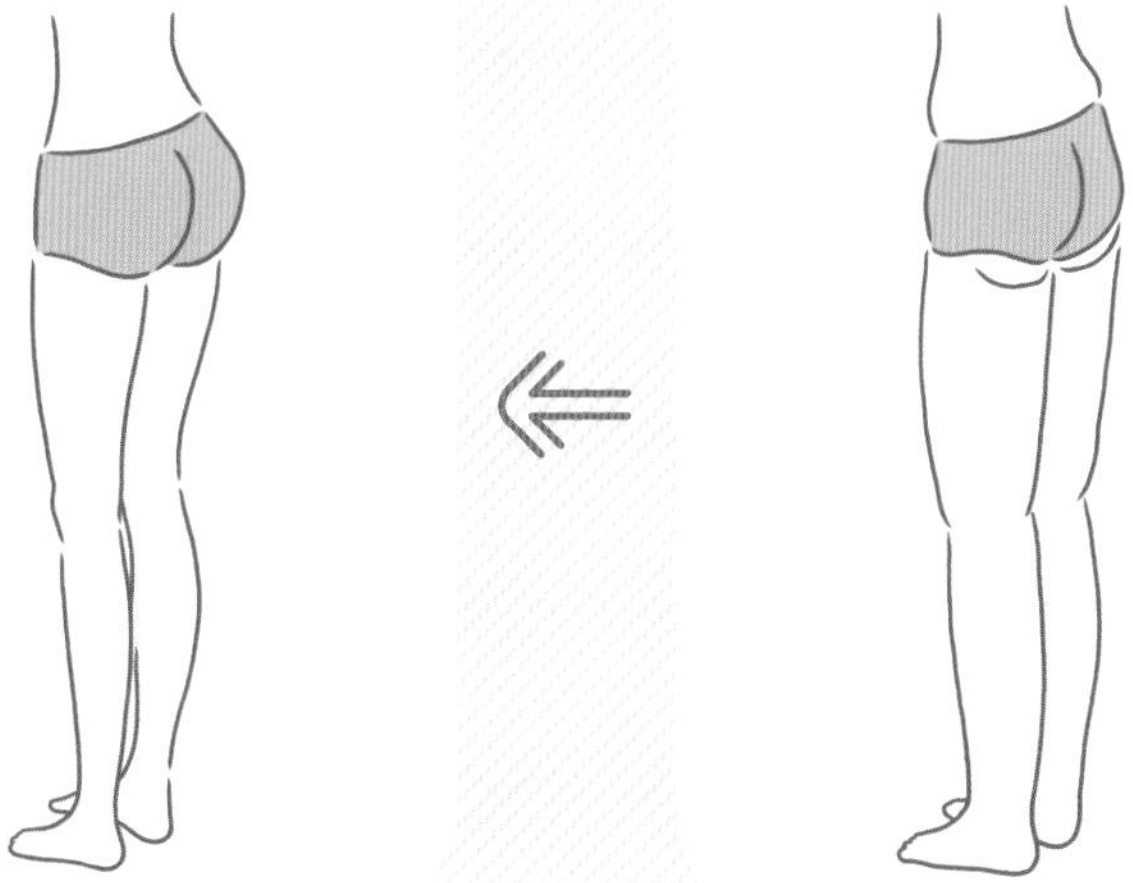

なり、その結果、脚が短く見えてしまうのです。

また、骨盤が歪むと足首やひざ関節のねじれを引き起こし、O脚やX脚などの脚の悩みの原因にもなります。本来、ひざ下の骨はまっすぐなのが基本ですが、**O脚やX脚など脚のラインが曲がってしまうと、湾曲がある分、脚は短く見えます。**

骨盤が歪んで、お尻が下に引っ張られるのに合わせて、ふくらはぎの筋肉も伸び縮みしづらくなります。その結果、ボリュームが出て下半身が太って見えてしまうことも、脚の短さを助長しているのです。

このように骨盤の歪みは、脚全体に影響を及ぼします。だから、脚を長くしたいなら、骨盤の歪みを解消することがとても重要と言えるのです。

脚長への第一歩は お尻から

脚が短く見える主な原因の2つめが〝お尻の筋力不足〟。プロローグでも「脚を長くしたいなら、まずアプローチすべきはお尻」とお伝えしましたが、しなやかで柔軟性のあるお尻の筋肉が、脚長への近道と言っても過言ではありません。

お尻には、仙骨を中心とした骨盤や、大きな筋肉である大臀筋《だいでんきん》や中臀筋《ちゅうでんきん》という、全身にとって重要な役割を担っている筋肉があります。本来ならば、わざわざ鍛えなくても、歩いたり、階段の上り下りをすることでお尻の筋肉は使えるのですが、階段を使う機会が減ったり、和式トイレが洋式に変わったりと、日常で股関節を深く曲げることがほとんどなくなったため、お尻の筋肉を十分に使えていない人が増えています。

お尻の筋肉を使わないでいると、血流がどんどん悪くなり、凝り固まっていきます。そして重力に負けてしまい、徐々に垂れ下がってしまうのです。また**筋肉量が低下すると脂肪が増えて、その重みによってこれまた垂れ尻が加速！** その結果、ドーンと大きなお尻が出現し、太ももとの境目がなくなり、どこから脚なのかがわからなくなってしまいます。

お尻の筋肉は、股関節を動かす働きを担っていますが、筋力が弱くなると、お尻の代わりに、太ももの筋肉が頑張り始めます。その結果、太ももが前や外に張り出して、パンパンに太くなり、短足に見えてしまいます。美脚デザインに、お尻の筋肉の強化は欠かせない要素なので、しっかり覚えておきましょう。

お尻に喝！

こんなとき、お尻は使えていない?!

お尻の筋肉を「使う」「使える状態にする」ことが、美脚に通ずる。
しかし、日常の中でこんな動作やシチュエーションを
繰り返していると、お尻の筋肉は硬くなって、ますます使えなくなる！

CASE 1

座りっぱなし

長時間のデスクワークは、お尻を使わないばかりか、上半身の重みでお尻から太もも裏までを圧迫し続けるので、形が崩れやすくなります。リモートワークにより、お尻の冷えやむくみを気にする方も増加。

CASE 2

立ちっぱなし

立ち仕事など、お尻の筋肉を伸び縮みさせずに同じ姿勢を続けていると、筋肉が凝り固まってしまいます。また高いヒールを履いて立ったままでいると、骨盤の歪みが助長されて、さらに垂れ尻が悪化。

CASE 3

しゃがまない

しゃがんだり、立ったりする動作は、お尻の大きな筋肉をたくさん使うので、自然と垂れ尻の防止になります。しかし、最近は和式トイレよりも、洋式トイレが増えたことで、日常の中で深くしゃがむ機会が激減!

衝撃!

美脚BEFORE・AFTER

体形にコンプレックスを持つ5名の女性が美脚デザインに挑戦。
脚が長くなっただけでなく、お尻が引き上がりシルエットが激変!

Aさん(40代)

AFTER

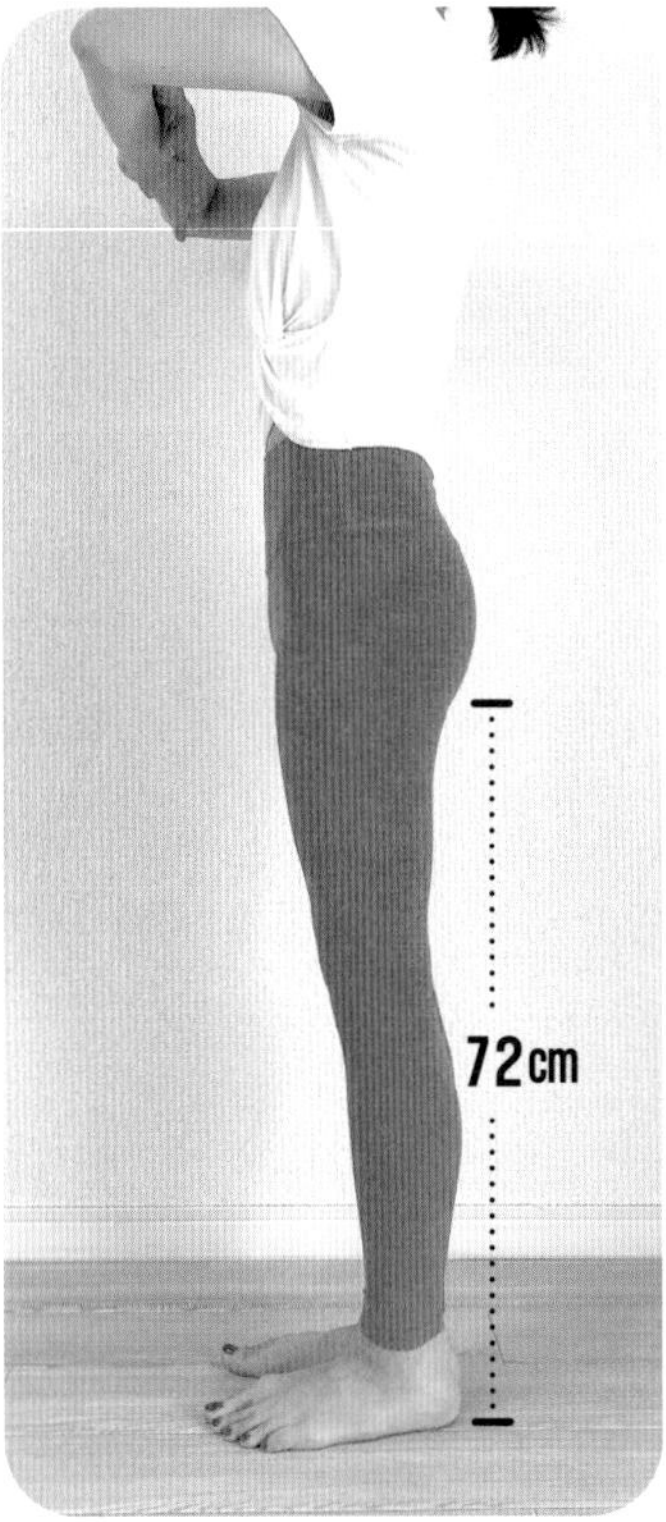

BEFORE

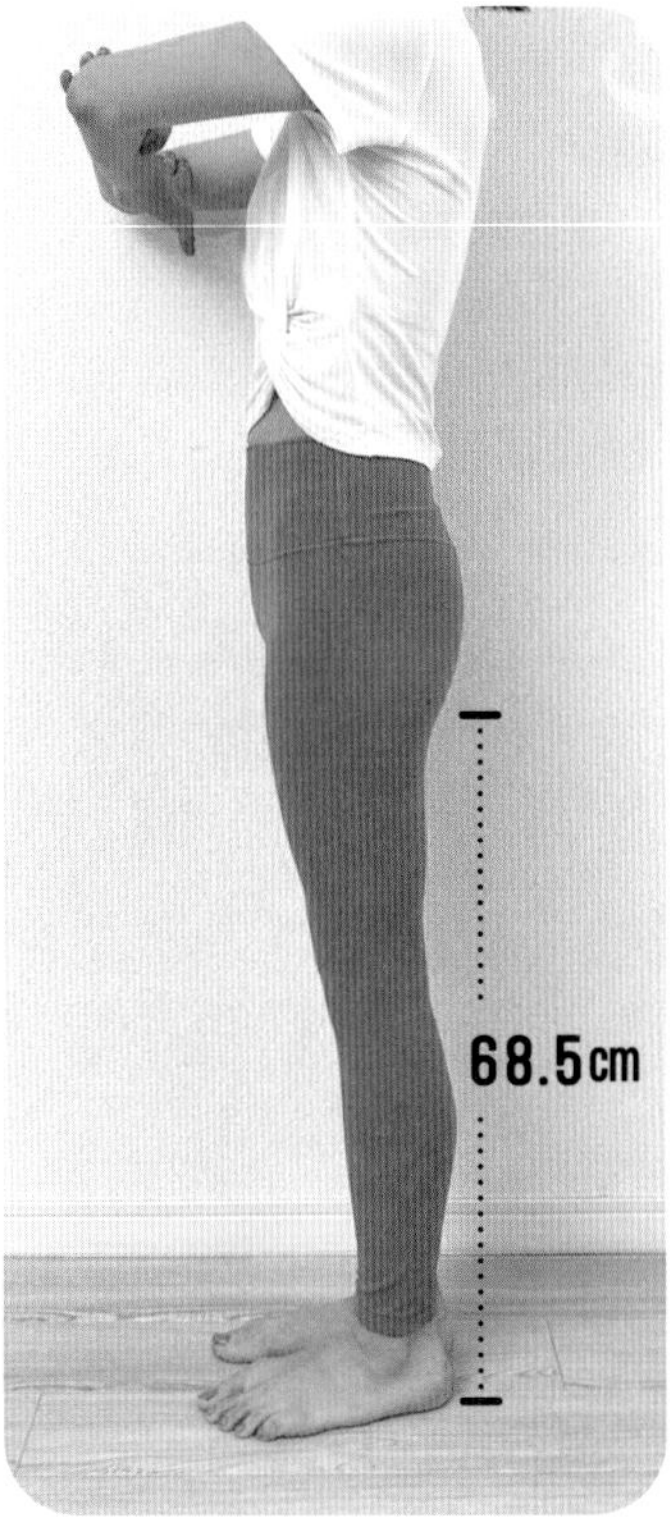

脚の長さ
3.5cm
アップ

お尻のたるみに悩んでいたものの、半ば諦めていました。でも、3日目からお尻が上がってきているのを実感。夫には顔やお腹もすっきりしたと言われました。お気に入りのデニムもキレイにはけるようになってうれしい!

Bさん（30代）

脚の長さ 2.5cm アップ

コンプレックスだった前ももの張りが改善。逆にお尻は張りが出て、位置も高くなりました。写真を見比べて、お腹がペタンコになっていることにも気づきました。

AFTER　BEFORE

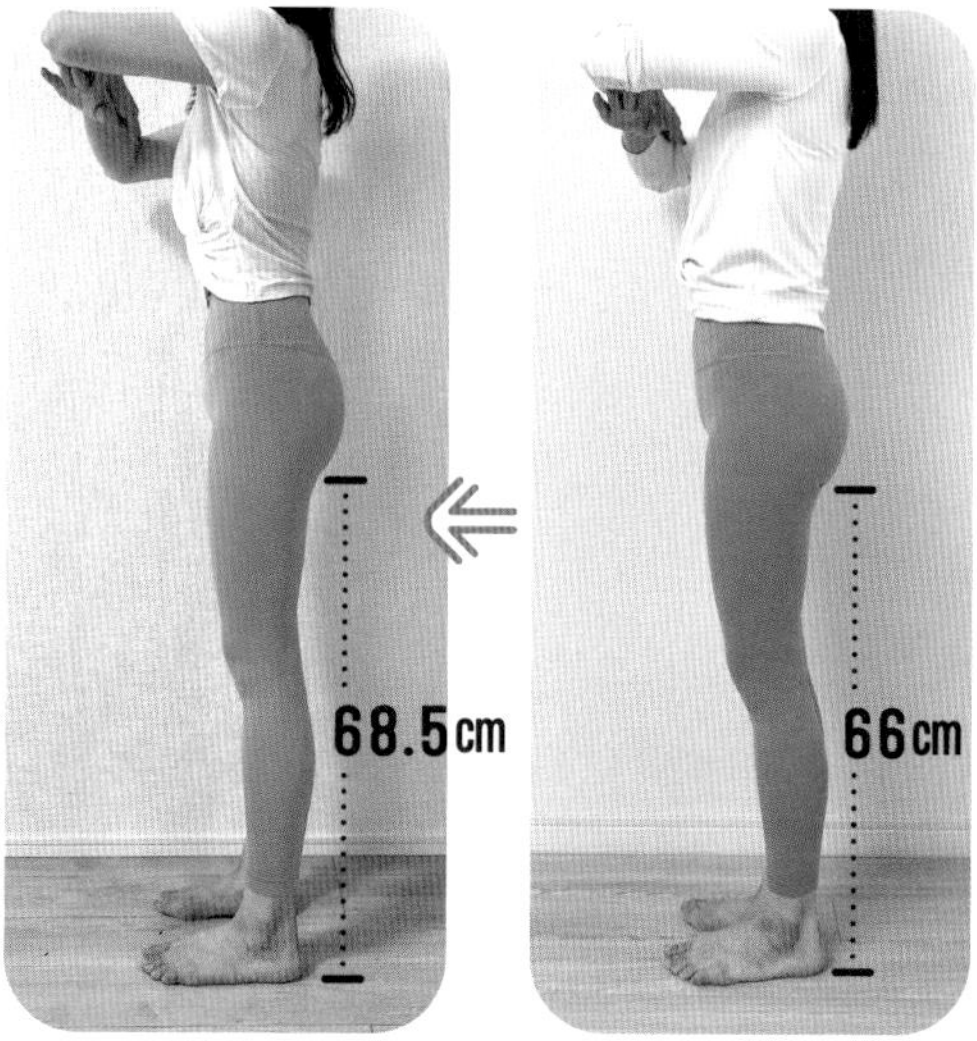

憧れの丸いお尻に

レギンスに刻まれていたヒップラインがなくなり、お尻の形も四角から丸に激変！　太ももの隙間はしっかりあるのに、以前より脚がまっすぐになった気もします。

AFTER　BEFORE

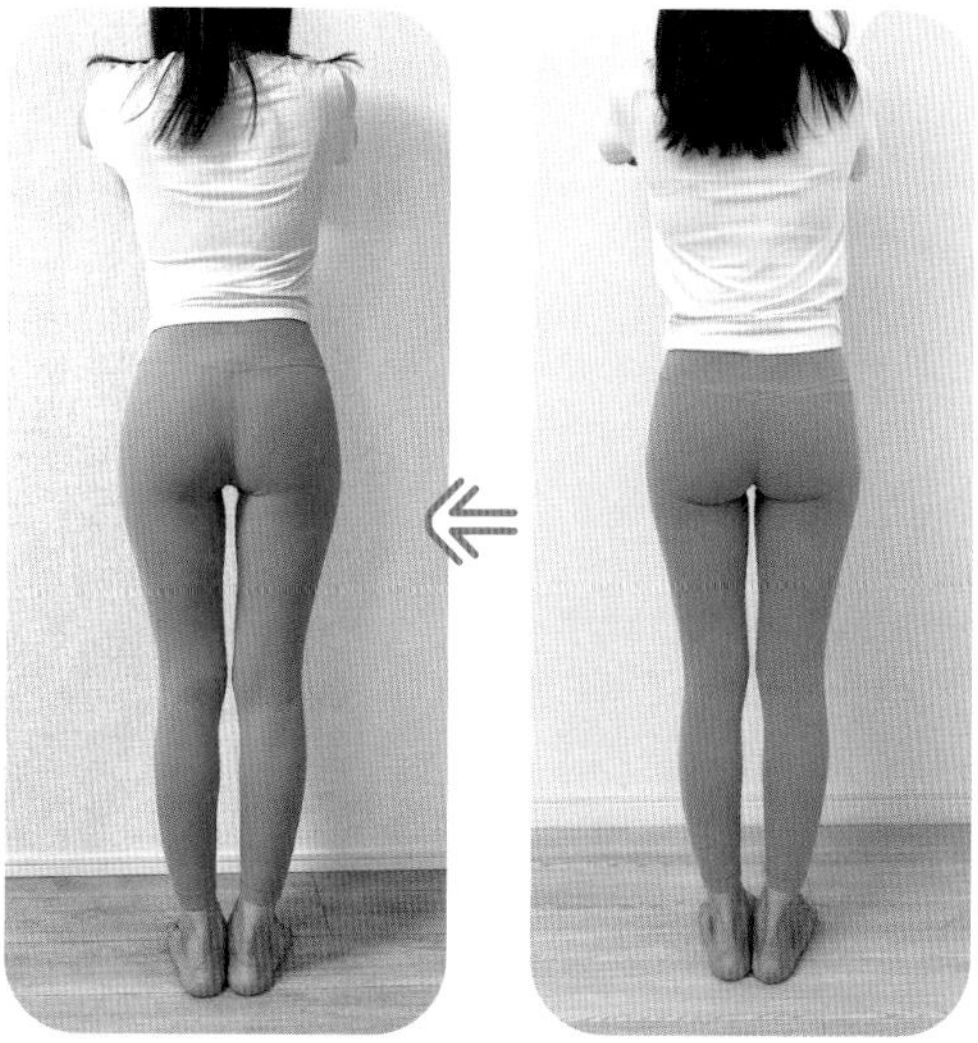

Cさん（30代）

AFTER

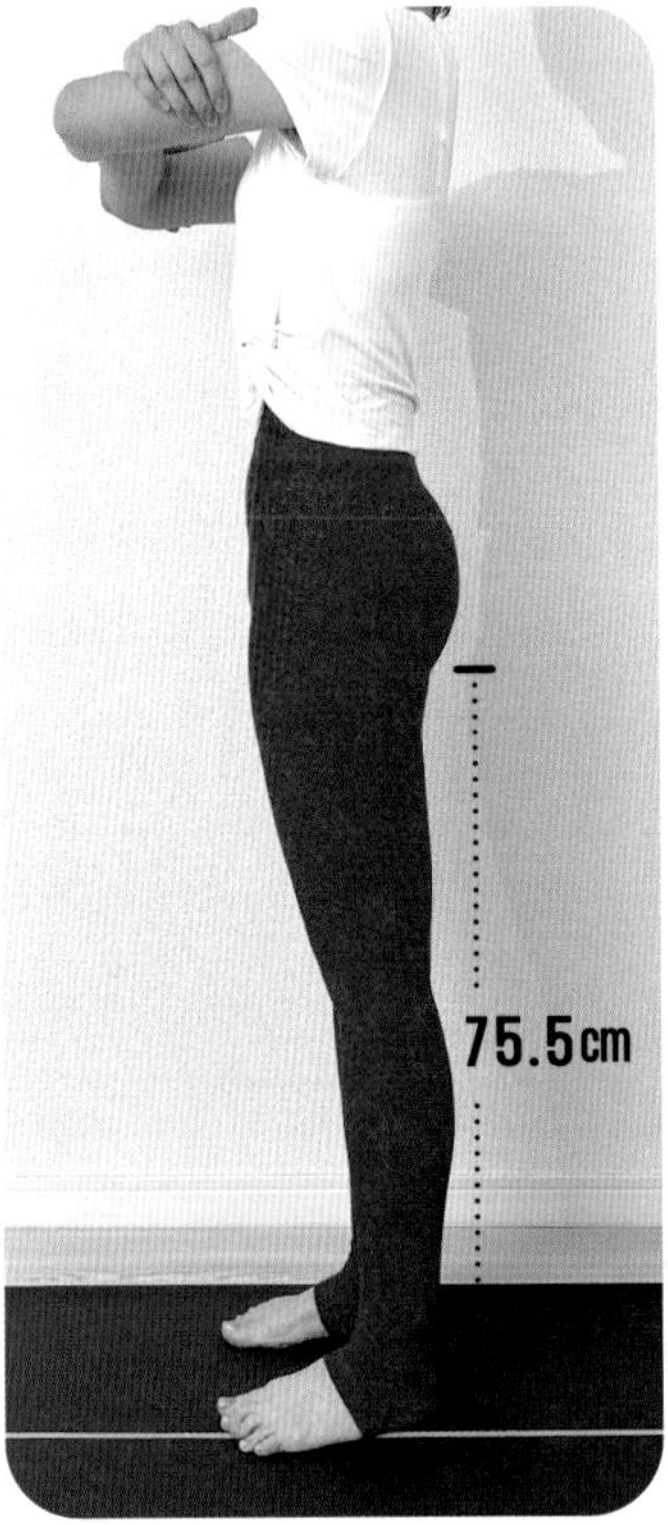

BEFORE

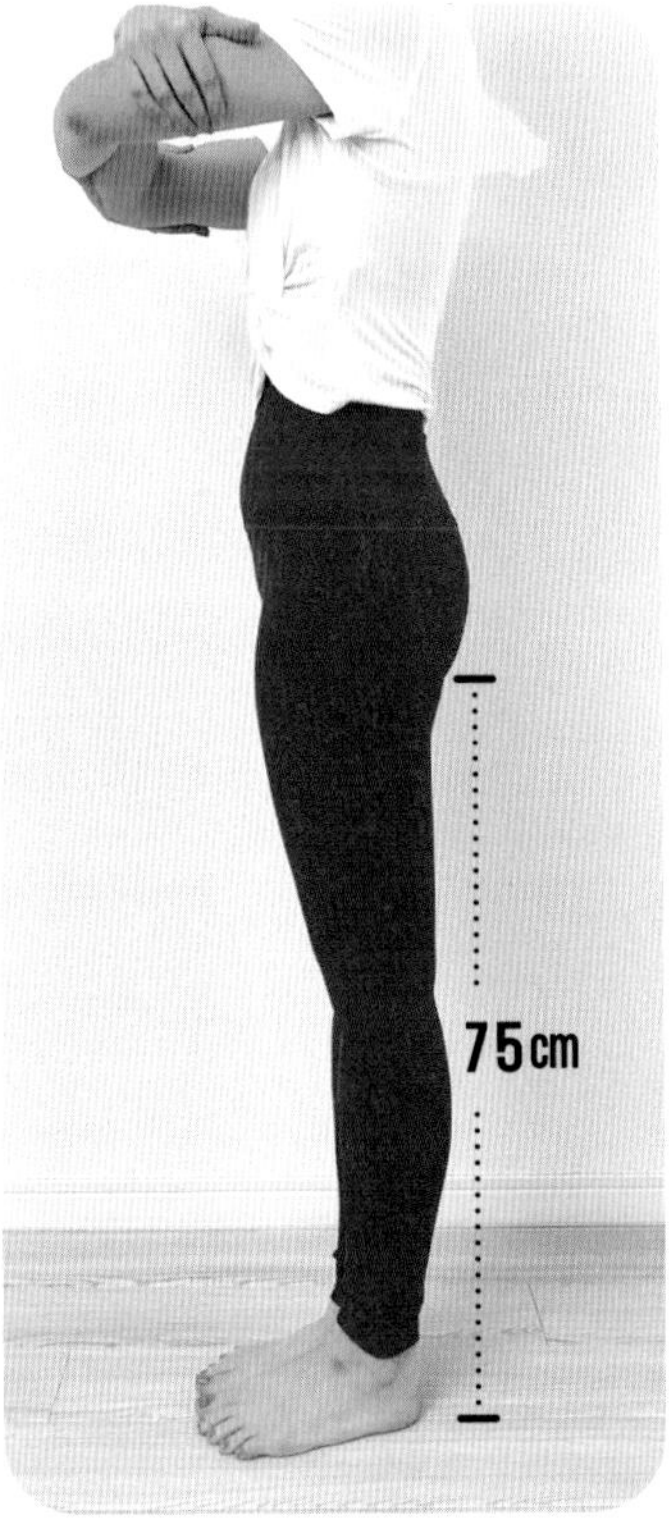

脚の長さ 0.5cm アップ

数字だけ見るとほとんど変わりないですが、お尻のトップがしっかり引き上がって大満足！　お尻と太ももが一体化しているのが悩みでしたが、それも改善されました。脚のむくみや疲れも取れて、すっきりしました。

Dさん（40代）

脚の長さ 2cm アップ

AFTER

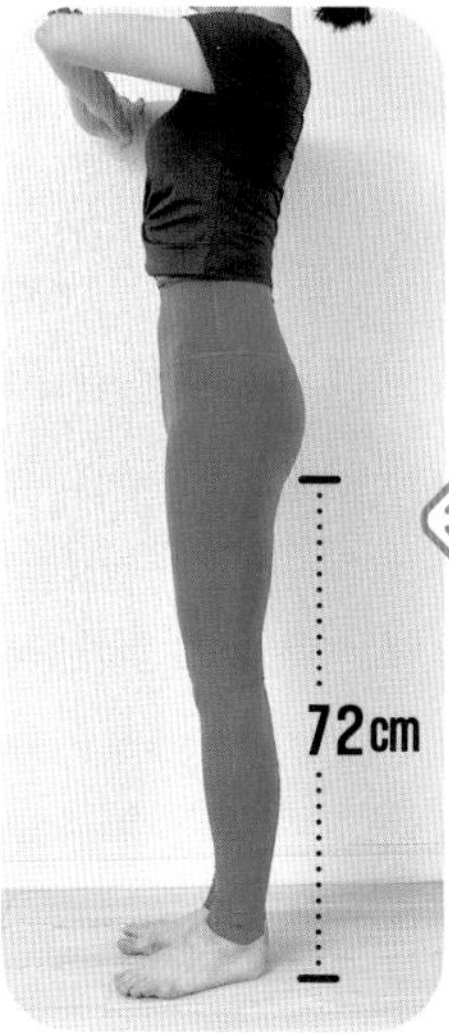

BEFORE

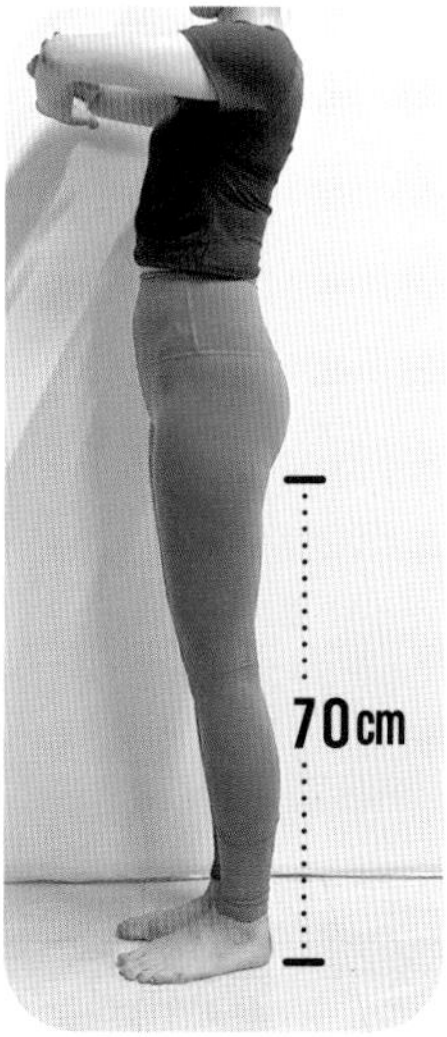

3日目くらいからラクにトレーニングをこなせるようになりました。姿勢もよくなったからなのか、ポッコリお腹も解消。

歪み解消で骨格美人に

AFTER

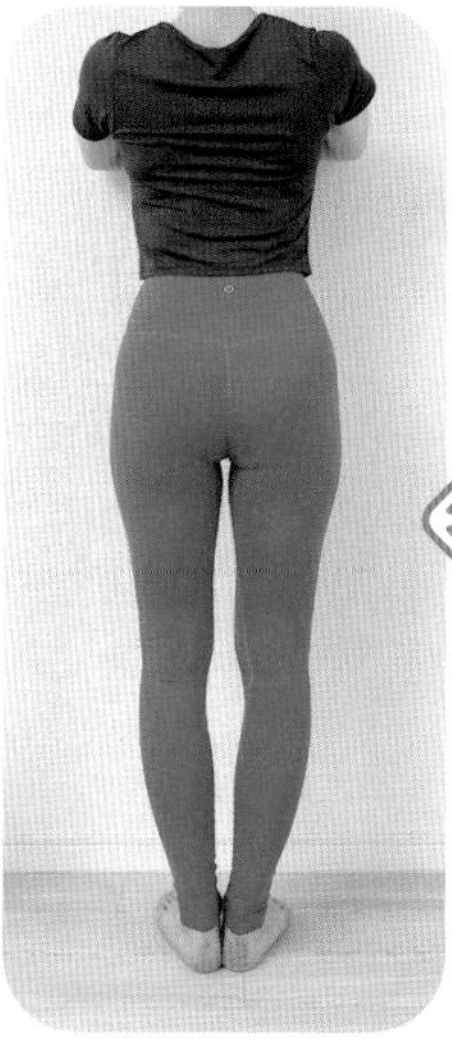

BEFORE

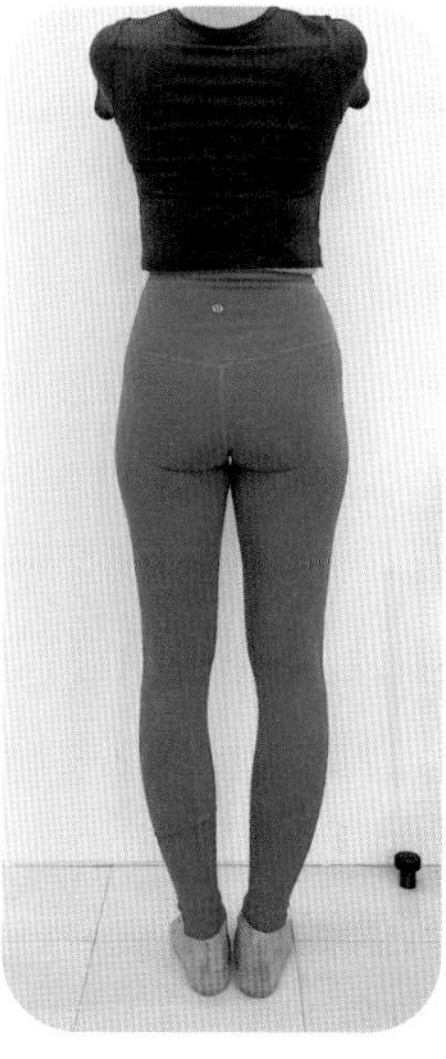

以前はO脚気味でしたが、トレーニング後はひざから下がまっすぐに！　ももの付け根にも隙間ができたので、脚も長く見えます。40代になっても、やれば変わることを実感しました。

Eさん（40代）

脚の長さ 4cm アップ

AFTER

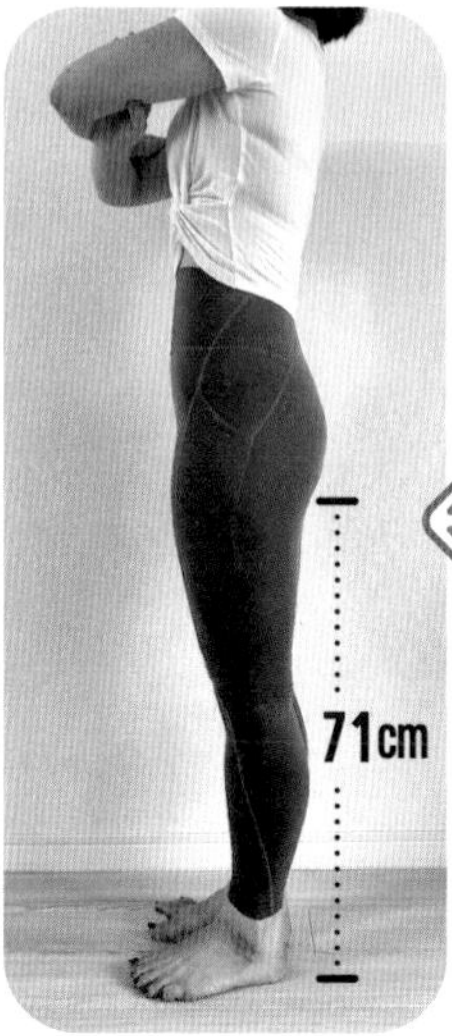

BEFORE

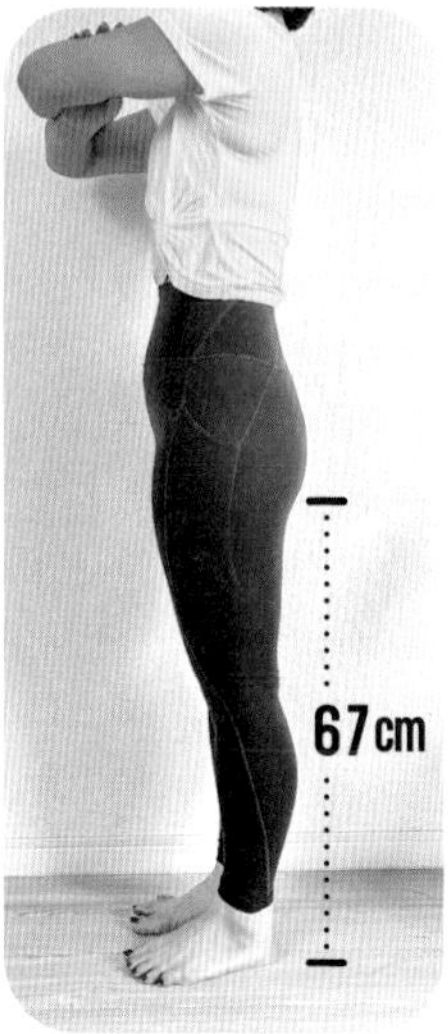

トレーニング中はあまり効果を感じなかったけれど、写真を見てびっくり。食事制限をしていないのに、下半身全体が引き締まっていました。脚がむくんで辛いという感覚もなくなりました。

初めて下半身痩せに成功

AFTER

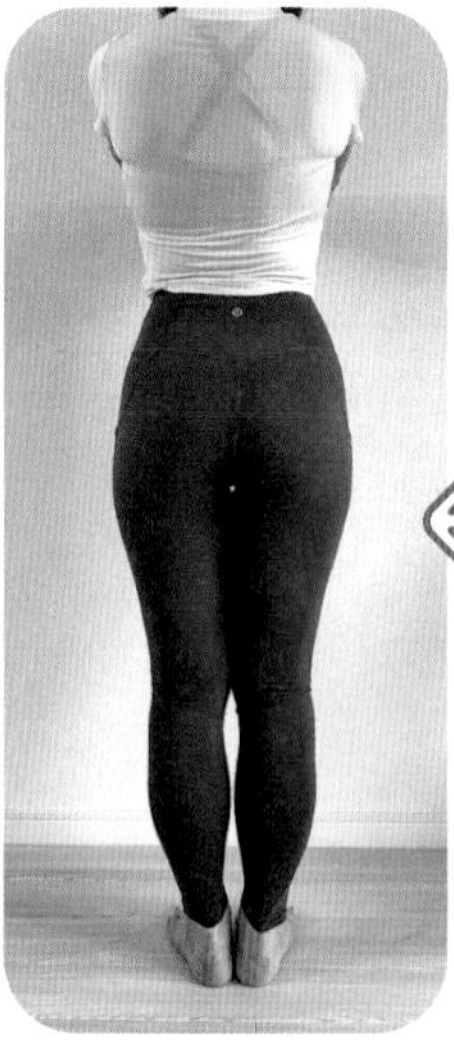

BEFORE

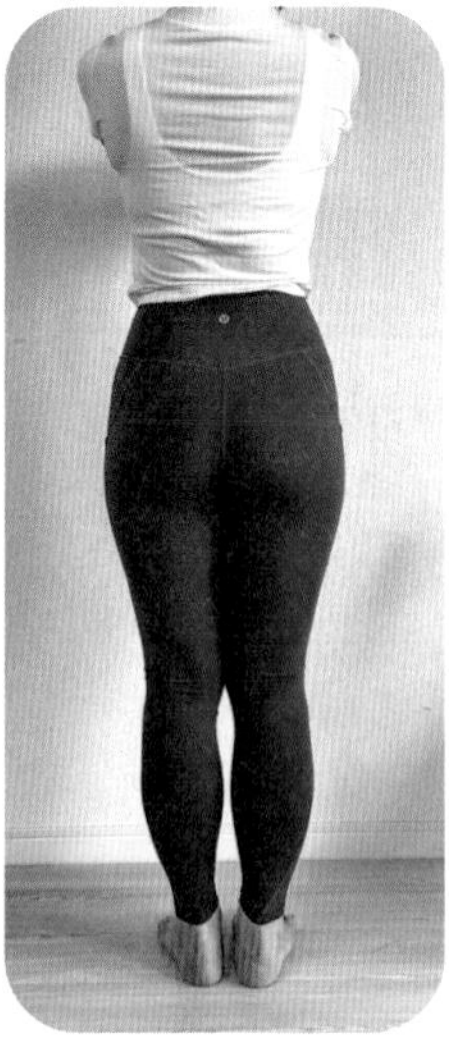

下半身は痩せにくいタイプなのですが、今回のトレーニングで初めて効果を実感しました。内ももが引き締まって、隙間ができたのがうれしい！

PART 1

さらばコンプレックス 理想の美脚教えます

脚に関する悩みやコンプレックスは人それぞれ。
そこでみなさんに、自分の脚の悩みを教えてもらいました。
なりたい自分になるには、まずは目標を決めることが大切。
みなさんは、どんな理想の脚を目指したいですか?

その脚のお悩みも解決

みなさんがどんな脚の悩みを持っているか、インスタグラムを利用して、フォロワーさんにアンケートを実施しました。「みんなの脚のお悩みは？」に対する回答から、上位ベスト4を発表します。

実はこれらの悩み、前述した脚が短く見える主な原因〝骨盤の歪み〟〝お尻の筋力不足〟を解消すれば、すべて解決できるんです。私も脚にコンプレックスを抱えていた頃、「なんで脚ってこんなに痩せにくいんだろう？」と疑問に思っていました。体が今どんな状態にあるかも知らずに、鍛えることから始めましたが、なかなか効果が出ず……。そこでたどり着いたのが、今回紹介する、3ステップで行う美脚デザイントレーニングです。これを毎日行ったことで、私自身、脚がどんどん変わっていきました。理論よりまず実践という方は、ＰＡＲＴ-2に移動して、今すぐトレーニングを始めてください！

ちなみに、脚に関するお悩みのアンケートでは、「歩いているとついついガニ股になっている」「座っているといつの間にか脚が開いている」「タイツをはく時など、片脚立ちをするとフラフラしてしまう」という意見も多くあがりました。これらもお尻や太ももの筋力不足が原因です。美脚デザインを実践すると、こんな日常のクセや悩みも改善することができるんです。

お悩み 第1位

内ももがタプタプしていて、隙間がない

第1位は、脚にコンプレックスがある人なら誰もが一度は気にしたことがあるはずの太もものアノ悩み。そう、両脚の内ももがピタッとくっついて、ＮＯ隙間！あまりにもヒドイ時は、歩いている時に内もも同士がこすれ合って、ヒリヒリと痛むなんてことも。こんな思いはしたくないですよね。

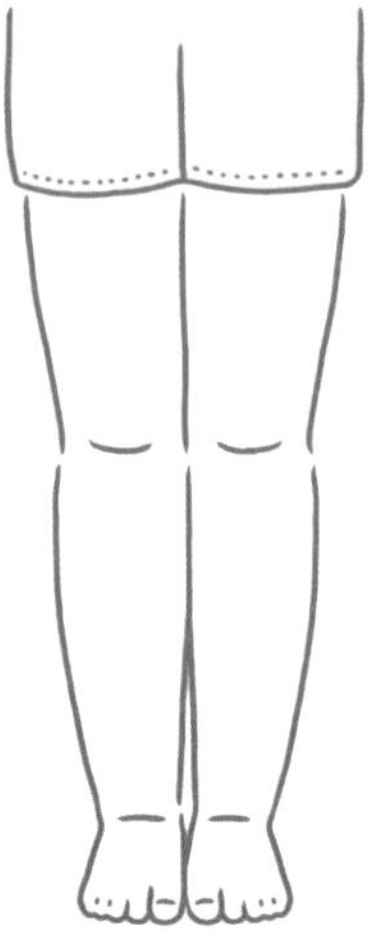

これは、お尻の筋肉が使えていない代わりに、太ももの外側の筋肉ばかりが発達してしまい、股関節の内側にある内転筋という内ももの筋肉が弱くなっている証拠です。内転筋は普段の生活の中でも使うシーンが少ないため、鍛えないと衰えていくばかり。この状態はO脚やX脚の原因にもなります。お尻を鍛えることで太ももの外側の負担が減り、内ももが使いやすくなるため、タプタプ解消の近道に。

もちろん、お尻と一緒にこの内転筋も鍛えてあげると、筋肉のバランスがよくなり、まっすぐで美しい脚になりやすいです。

お悩み 第2位

痩せても下半身だけ細くならない

リモートワークなどで歩くことが少なくなり、日常的にあまり大きく動かす機会がないのが下半身。しかし、下半身の筋肉は、全身の筋肉の6〜7割を占めています。だから動かせば動かすほど、基礎代謝が上がり、痩せやすくなります。一方で、動かさない時間が長いと、だんだん滞りが発生し、脂肪がついてきます。さらにそれを放置しているとセルライトになり、脚はどんどん太くなります。

また、下半身全体の血行不良は冷えやむくみを招くので、脚痩せしにくくなります。

お悩み
第3位

ふくらはぎが太い

ヒールを履く習慣があったり、過去によく履いていた方は、ふくらはぎの筋肉が縮んで硬くなっている可能性が。そうなると足首も硬くなり、むくみを引き起こしやすくなります。

ふくらはぎは、〝第二の心臓〟とも言われ、足の方へ下がった血液を心臓へ戻すポンプの役割を果たしています。しかし足首が硬くなることで、このポンプ機能が弱くなり、ふくらはぎに老廃物が溜まって、どんどん太くなっていきます。

また、長時間の立ち仕事などで足裏の筋肉が硬い方は、足の裏の負担をふくらはぎがカバーするため、さらに太くなりやすくなります。

お悩み

第4位

太ももの外張りが気になる

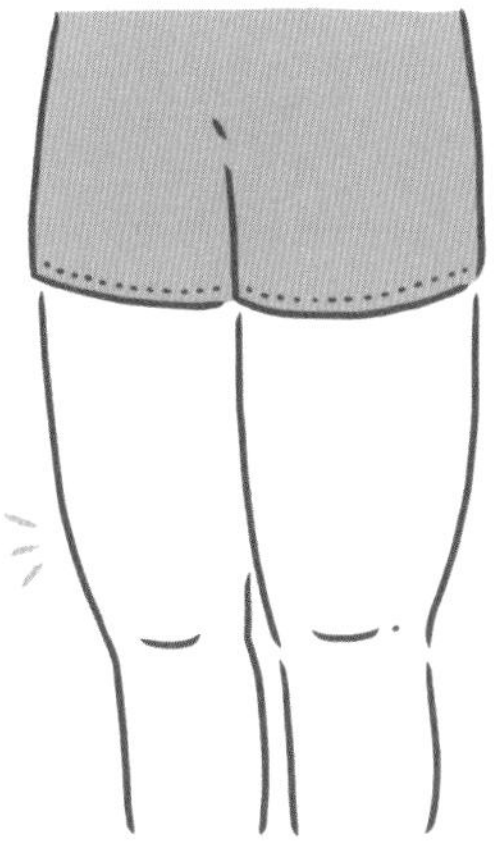

これはまさに日ごろうまく使えていないお尻の筋肉の代わりに、ももの外側の筋肉が頑張って働いてくれるため、結果として、太ももの外側や前側の筋肉が必要以上に発達してしまうことが原因です。

こうして日常的に酷使しすぎている筋肉はしっかりとほぐし、伸ばして休ませてあげる。そして、本来働くべき筋肉を使ってあげることが必要です。また、股関節のインナーマッスルが弱化することで、太ももの骨自体も前方に引っ張られ、さらに外側や前側に張り出す原因となります。

理想はまっすぐで引き締まった脚

脚は、細ければ細いほど、美しくてキレイというわけではありません。

私たちの理想は、お尻と太ももの境目がはっきりしていること。そして、まっすぐな脚とキュッと上がったお尻。太ももの付け根、ひざ、足首の中心が一直線上にあり、**太ももやふくらはぎが横にも前にも張り出していない、すらりとした脚と、スキニーパンツやタイトスカートをはいた時にサマになる丸い形のお尻がベスト。**この状態を作るために、今回紹介する廣田流の美脚デザインのトレーニングが効果的なんです！

骨盤の歪みを正すために「凝り固まったお尻と太ももをほぐし、柔軟性を高めるために伸ばして、お尻の筋肉を強化するためにちょっと鍛える」の3ステップを踏めば、大人になってからでも美脚を目指すことができます。さらにこのメニューを行えば、下半身の使い方が効率的になり、基礎代謝も上げることができます。一緒に痩せやすくリバウンドしにくい体を作りましょう。

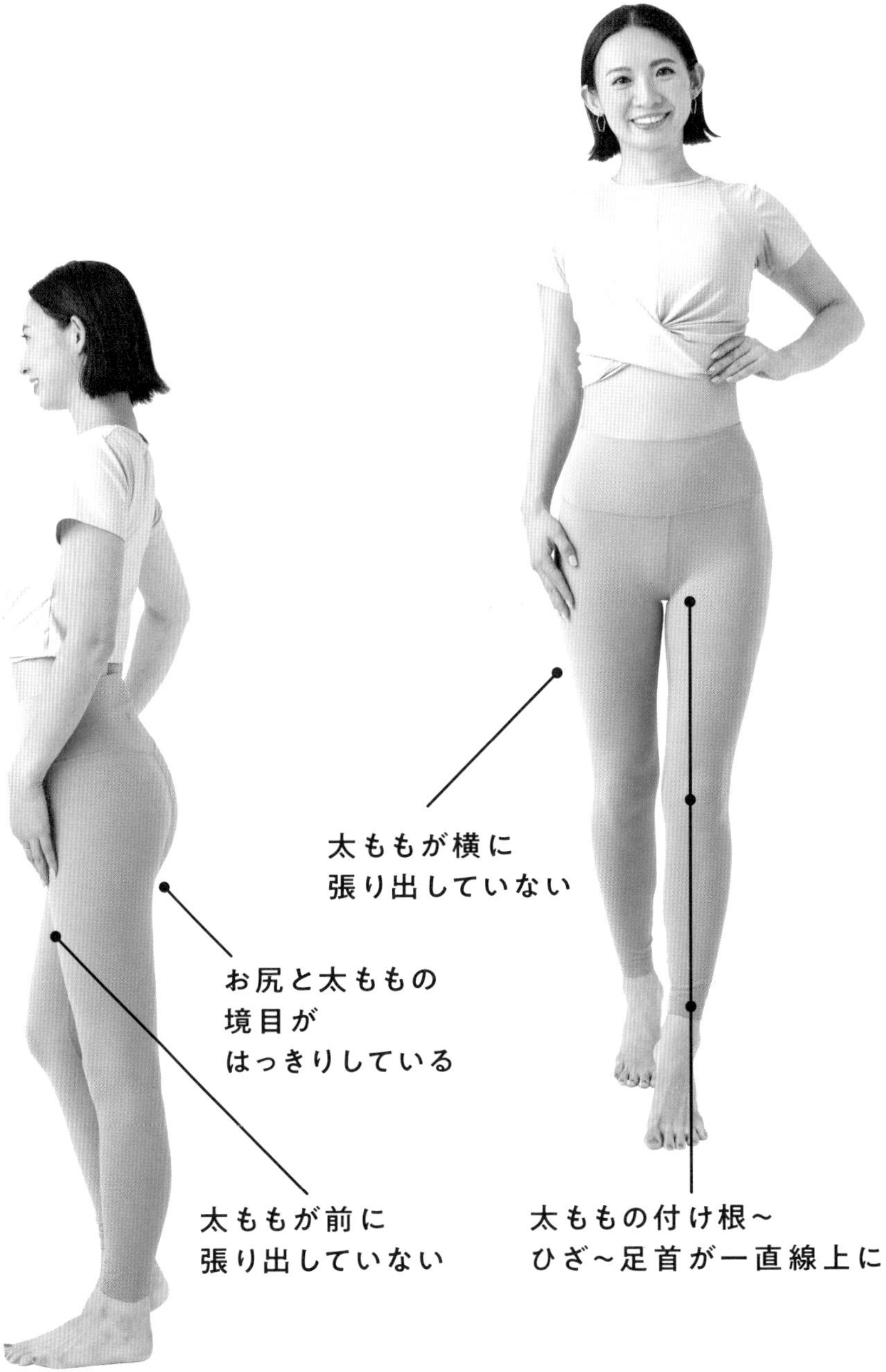
太ももが横に
張り出していない
お尻と太ももの
境目が
はっきりしている
太ももが前に
張り出していない
太ももの付け根～
ひざ～足首が一直線上に

COLUMN
01

私も脚にコンプレックスがありました

ヨガインストラクターを始めた頃、自分の脚が嫌いで、すごく悩んでいました。下の写真は、その頃の私です。後ろから見るとお尻が長くて、四角く垂れた、俗に言う「ピーマン尻」。横から見ると、ふくらはぎが下の方にあり、重そうな脚をしていました。

高校生の時には、ミニスカートをはいていたので、祖母に「そんな太い脚出して、学校行くんか!?」と言われたことも（笑）。でも当時は、全体的に太っていたこともあり、私自身はあまり気にならず。大人になって、脚の太さを自覚しました。私が解剖学の勉強を始めたのも、ふくらはぎの太さが気になったことがきっかけでした。体の構造や筋肉の仕組みを学び、脚の悩みを解消するには、お尻にアプローチするのが近道！　ということにたどり着いたんです。それから脚はみるみる変わり、今も理想の状態を保てています。

PART 2

1日10分！
美脚デザインスタート

早速、廣田流の美脚デザインのトレーニングを紹介。
「ほぐす+伸ばす+ちょっと鍛える」の3ステップで
脚長を目指していく、超簡単メソッドです。
1日10分程度を続けるだけで、脚はみるみる変わる！

美脚デザイン 3つのポイント

POINT 1

朝昼晩、いつでも好きな時に1日10分

美脚デザインは、ご自身のライフスタイルに合わせて、無理なくできる時間帯に実践しましょう。3つの「ほぐす」、4つの「伸ばす」、2つの「ちょっと鍛える」、全9つのトレーニングでトータル10分程度なのでスキマ時間にもできます。時間を空けず、一気に2週間程度続けて行うことで、効果が高まります。

POINT 2

BEFORE／AFTERを撮る

モチベーション向上のために、初日と最終日に全身の写真を撮りましょう。特に、お尻は鏡ではチェックしづらいパーツだからこそ、記録して視覚でチェックすることが大事。カメラを固定し、ＢＥＦＯＲＥ／ＡＦＴＥＲのアングルを同じにして、セルフタイマーを使い、正面、横側、後ろ側の写真を撮りましょう。

POINT 3

お尻のトレーニングを習慣に

トレーニング終了後も、脚長効果を持続させるために、ＳＴＥＰ３のお尻のトレーニングだけでも毎日継続しましょう。続けることで、日々の変化に気づきやすくなります。ＳＴＥＰ１のほぐす、ＳＴＥＰ２の伸ばすは、長時間同じ姿勢が続いた日や、凝っていると感じた時に行うと、翌日に体のクセを持ち越さずに済みます。

用意するモノはたった2つ

マット

寝転がる動きが多いので、硬い床の上で直接行うと、ひざを痛めたり、体への負担が大きくなります。それを軽減してくれるのがマット。絨毯《じゅうたん》やラグの上でもＯＫ。

ローラー

癒着した筋肉同士の境目を効率よくほぐしてくれます。できれば凸凹があるローラーの方が、筋肉間をほぐしやすいのでおすすめです。

ローラーはラップの芯＋タオルで代用できる

ローラーをお持ちでない場合は、自宅にあるラップの芯とタオルで代用することができます。作り方は簡単で、使い終わったラップの芯にタオルをくるくると巻きつけ、輪ゴムやヘアゴムなどで数か所とめるだけ。ある程度太い方が使いやすいですが、好みの太さでOK。ラップの芯がへこんできたら替え時なので、新しいものを作り直しましょう。

凝り固まった筋肉をほぐして、本来の機能を取り戻す

最初に行うことは〝ほぐす〟こと。筋肉は、伸び縮みして初めて本来の役割をしっかり果たします。しかし日ごろから、あまり動かない、歩かない、深くしゃがまないなど動作にかたよりがあると、筋肉同士がどんどん癒着していき、柔らかさを失い、ガチガチに固まってしまいます。筋肉には伸びたり縮んだりを繰り返すことによって血液の流れを促進させるポンプとしての役割もあるのですが、これがうまく働かないと、**血液循環が滞り、むくみや冷えが悪化するという負のループに！**

そこで今回ほぐすのは、日々の生活でガチガチに凝り固まりやすい前もも、もも裏、お尻の筋肉。これらは特に座り姿勢を長く続けていると、緊張しやすい筋肉です。

長時間の座り姿勢では、股関節が曲がり、太ももの前側の筋肉が縮んだまま（短

くなったまま）硬くなります。すると、太ももの前側がうまく伸びず、お尻の筋肉が使いにくくなります。そのために、まず始めに前ももをリリースします。

同様に、もも裏とお尻の筋肉も圧迫され、硬くなります。すると、骨盤が後ろに引っ張られて、物理的にお尻が下を向き、垂れ尻に。そのため、もも裏とお尻もほぐします。

日々の生活で凝り固まった筋肉をほぐすことで、伸びたり縮んだりする筋肉の本来の機能を取り戻し、まずは目的の筋肉をうまく使えるようにしましょう。

つっぱりを一瞬で解消!

前ももすっきりムーブ

1分半でできる!

動画でCHECK

1 ローラーの真ん中に前ももを乗せ、ももの付け根~ひざ上をほぐす

うつ伏せになり、前ももの真ん中にローラーをあてる。反対の脚はひざを曲げた状態で外に開く。体を前後に動かし、ももの付け根からひざの上までを10往復ほぐす。

腰が落ちないようにして
上半身~脚は床と平行に

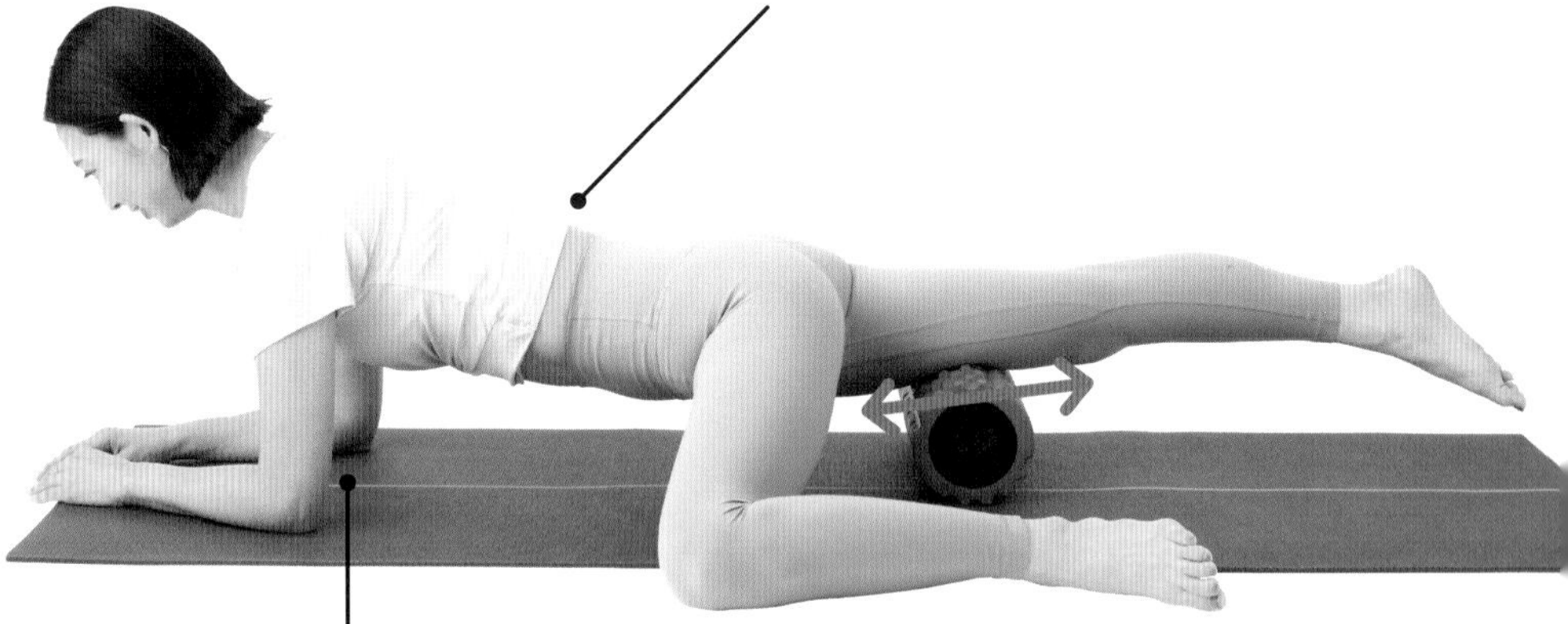

両腕を使って、
体を前後に動かす

2 上体をひねって、ももの少し外側をほぐす

1の状態から、曲げているひざの方に上体をひねり、ももの斜め外側にローラーをあてて、10往復ほぐす。反対の脚も同様に、1と2を行う。

お尻と脚の境目にメリハリ!

もも裏コロコロ大作戦

1分以下でできる!

\ 動画でCHECK /

STEP 1

ほぐす

もも裏が硬いと
垂れ尻の原因に！

1 ローラーの真ん中にもも裏を乗せ、ももの付け根～ひざ裏をほぐす

ローラーの上に乗るように、ももの裏側にあてて、反対の脚はひざを立てる。両手を後ろにつき、体を前後に動かして、10往復ほぐす。反対の脚も同様に。

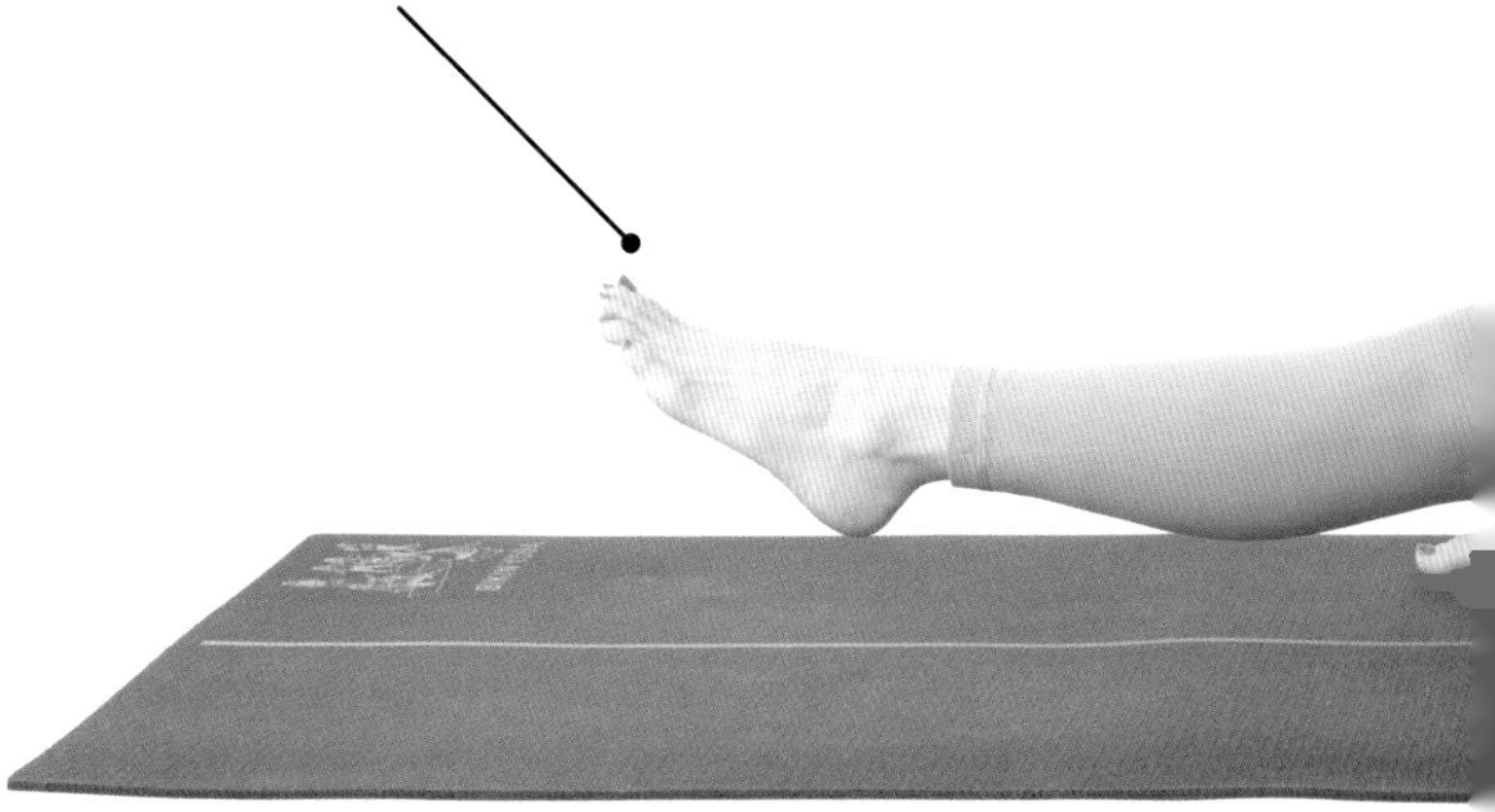

四角いお尻を丸くする
ヒップシェイク

30秒
でできる！

動画で
CHECK

ローラーの
凸凹の上に
お尻を乗せる

1 ローラーの真ん中にお尻の片側を乗せ、両ひざを傾ける

ローラーの上にお尻の片側を乗せて、片手をつき、両ひざをほぐしたいお尻と同じ向きに45度倒す。体を前後に動かし、お尻のほっぺ（一番ふくよかな部分）全体を10往復ほぐす。反対側も同様に。

お尻全体をコロコロして
痛きもちいいところを
重点的にほぐそう！

筋肉を伸ばして負の連鎖を断ち切る

凝り固まった筋肉をほぐしたら、次は伸ばしていきます。しっかり伸ばすことで、筋肉をもっと使いやすい状態にするためです。筋肉を伸ばせば、柔軟性が回復するとともに血行もよくなるため、冷えやむくみともサヨナラできます。

まず、前ももともも裏の筋肉は、普段頑張りすぎて負担がかかっているので、緊張を和らげるために伸ばします。筋肉は使わないだけでなく、頑張りすぎても硬くなってしまいます。さらに、頑張りすぎが原因で、お尻を下に引っ張ったり、骨盤を歪ませたりもするので、しっかりとストレッチして、前ももともも裏の負担を軽減していきます。

逆にお尻の筋肉は、日常生活ではうまく使えていません。例えば、座っている時間が長いと、お尻の筋肉は自分の体重につぶされて硬くなります。また立っている時の姿勢が悪いと、骨盤が後ろに傾き、お尻の筋肉が縮んだ状態で硬くなるので、筋肉がうまく使えず、どんどん弱くなっていきます。

そこで弱まったお尻の筋肉をしっかり伸ばすことで、動かしやすくしていきましょう。

さらに**下半身だけでなく、上半身も伸ばすことで、脚長効果が高まります。**デスクワークなどで背中が丸まった姿勢を続けていると、お腹と胸は縮こまり、背骨や肩甲骨もガチガチに硬くなって、いわゆる猫背を招きます。そうなると、上半身からの連鎖で骨盤が後ろに倒れ、お尻が垂れやすくなります。そのため、胸もしっかりと伸ばし、負の連鎖が起こらないようにします。筋肉を伸ばすことで、正しく体を動かせるようになるので、最短ルートで脚長に近づいていきます。

前ももを柔らかく!

壁ドン伸ばし

1分以下でできる!

動画でCHECK

1

壁に手をついてもう片方の手で足の甲をつかむ

片手を壁につき、まっすぐ立つ。もう片方の手で、同じ側の足の甲をつかみ、息を吸って背筋を伸ばす。

2

股関節から脚を後ろに引く

息を吐きながら、股関節から動かすように、ひざを真後ろにゆっくり引いて8秒キープ×2セット。引いた脚の前ももが伸びていればOK。反対側も同様に。

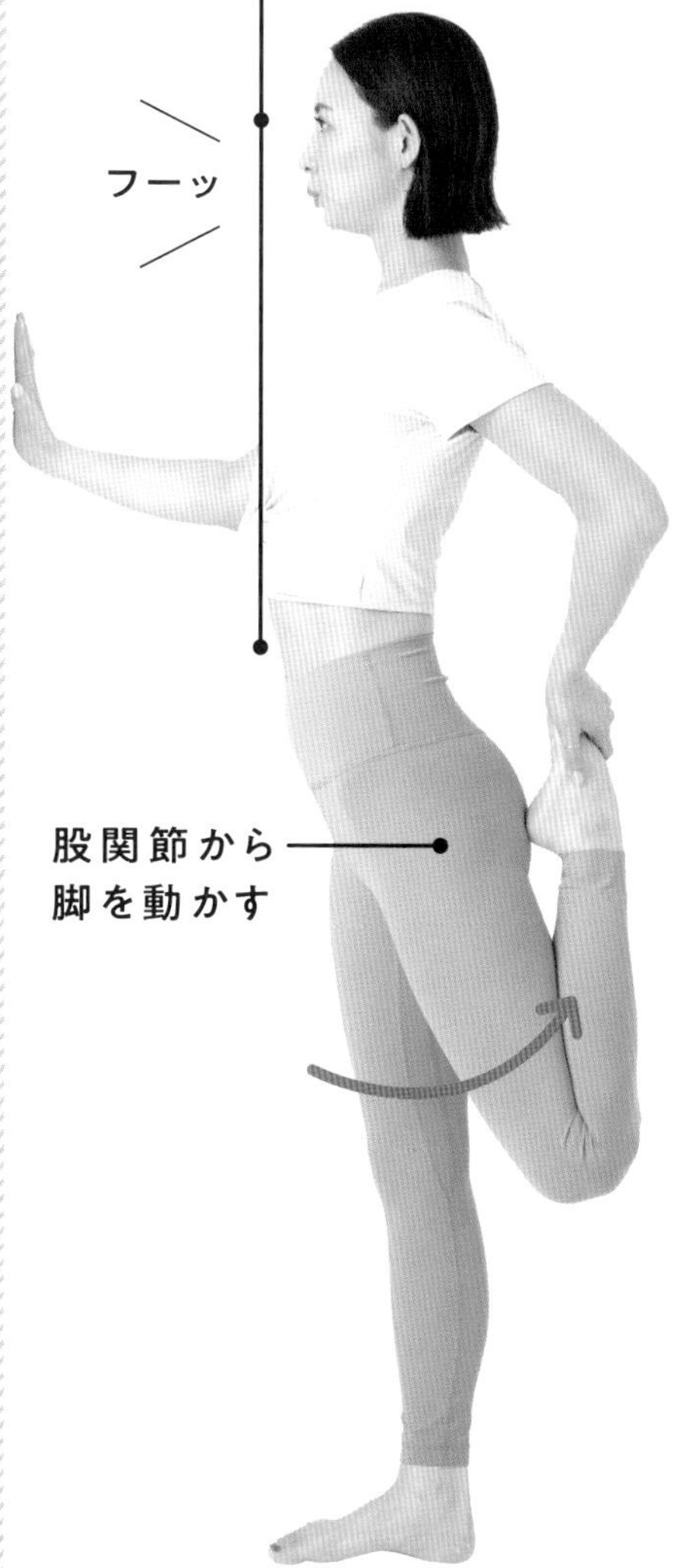

もも裏にアプローチ

壁押しくの字体操

1分以下でできる!

動画でCHECK

1

壁に両手をついて片脚を後ろに引く

腕がまっすぐ伸びるように、壁に両手をつく。両脚を前後に少し広めに開く。胸を正面に向け、息を吸って背筋を伸ばす。

2

後ろの脚を曲げて お尻を突き出す

息を吐きながら、後ろの脚のひざを曲げて、お尻を後ろに突き出し、8秒キープ×2セット。脚の付け根に紙を1枚挟むイメージで! 反対側も同様に。

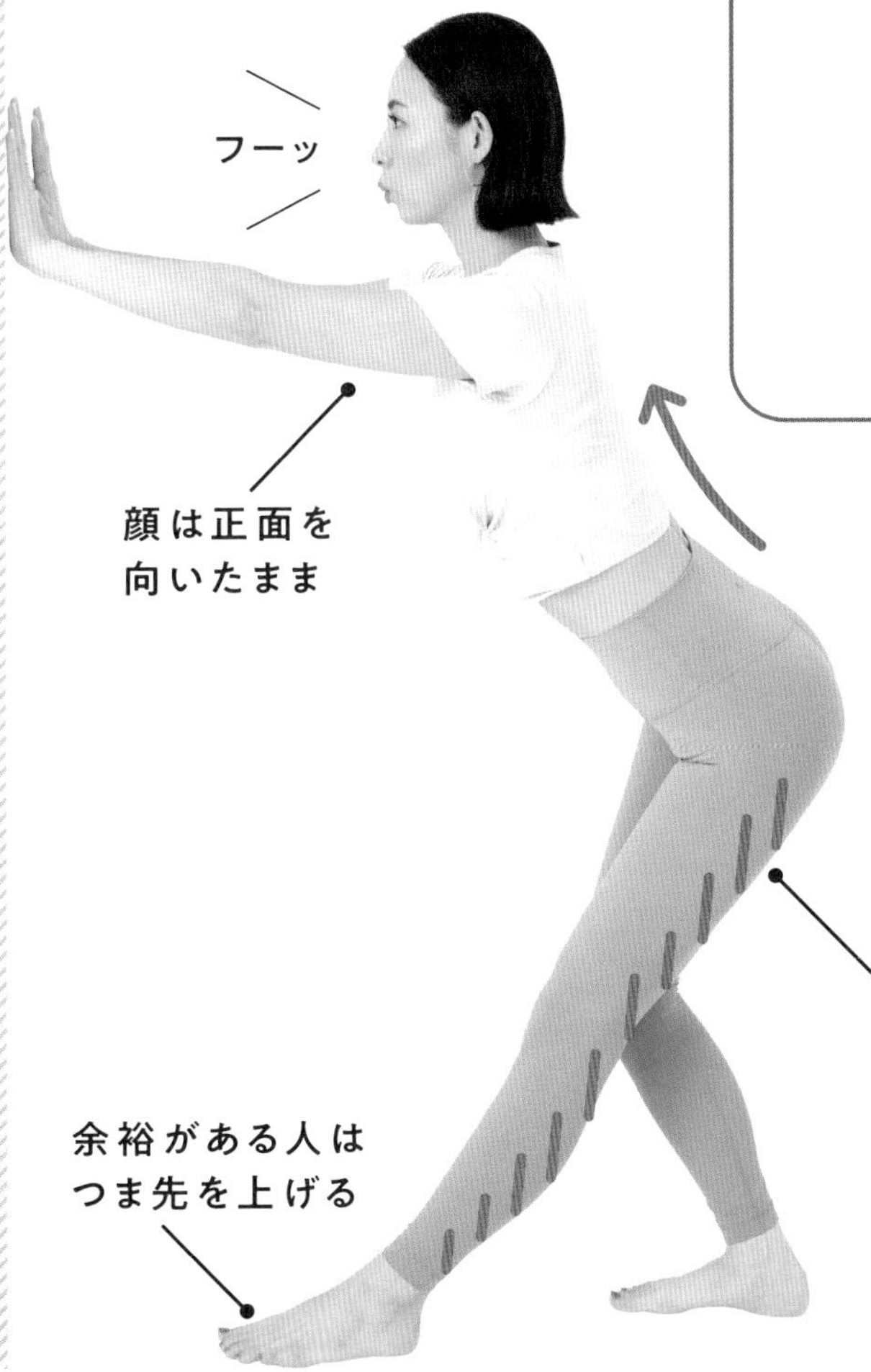

NG

下を向かない! 背中も丸めないで!

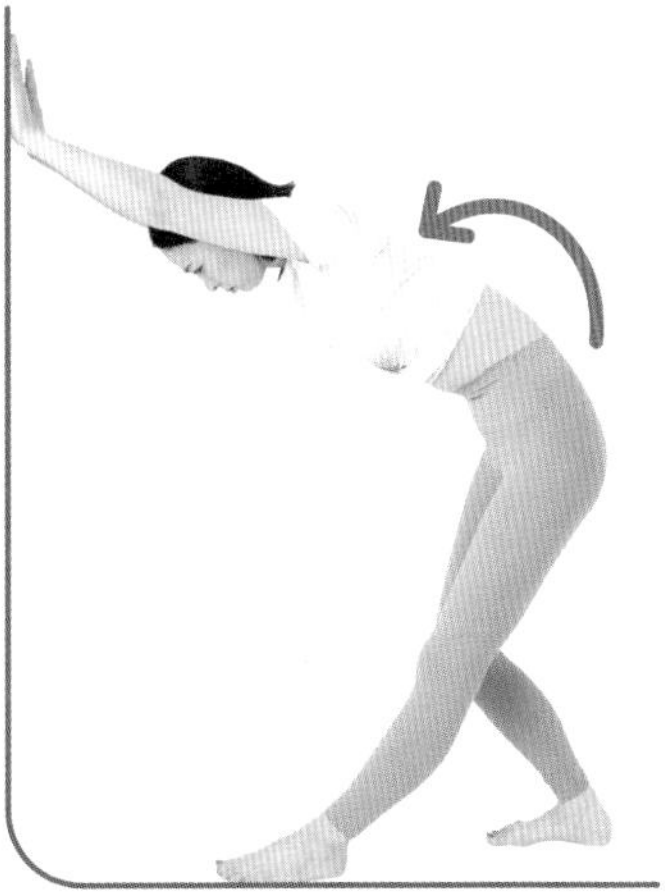

上半身からお尻にアプローチ

片脚ロックおじぎ

1分半でできる!

動画でCHECK

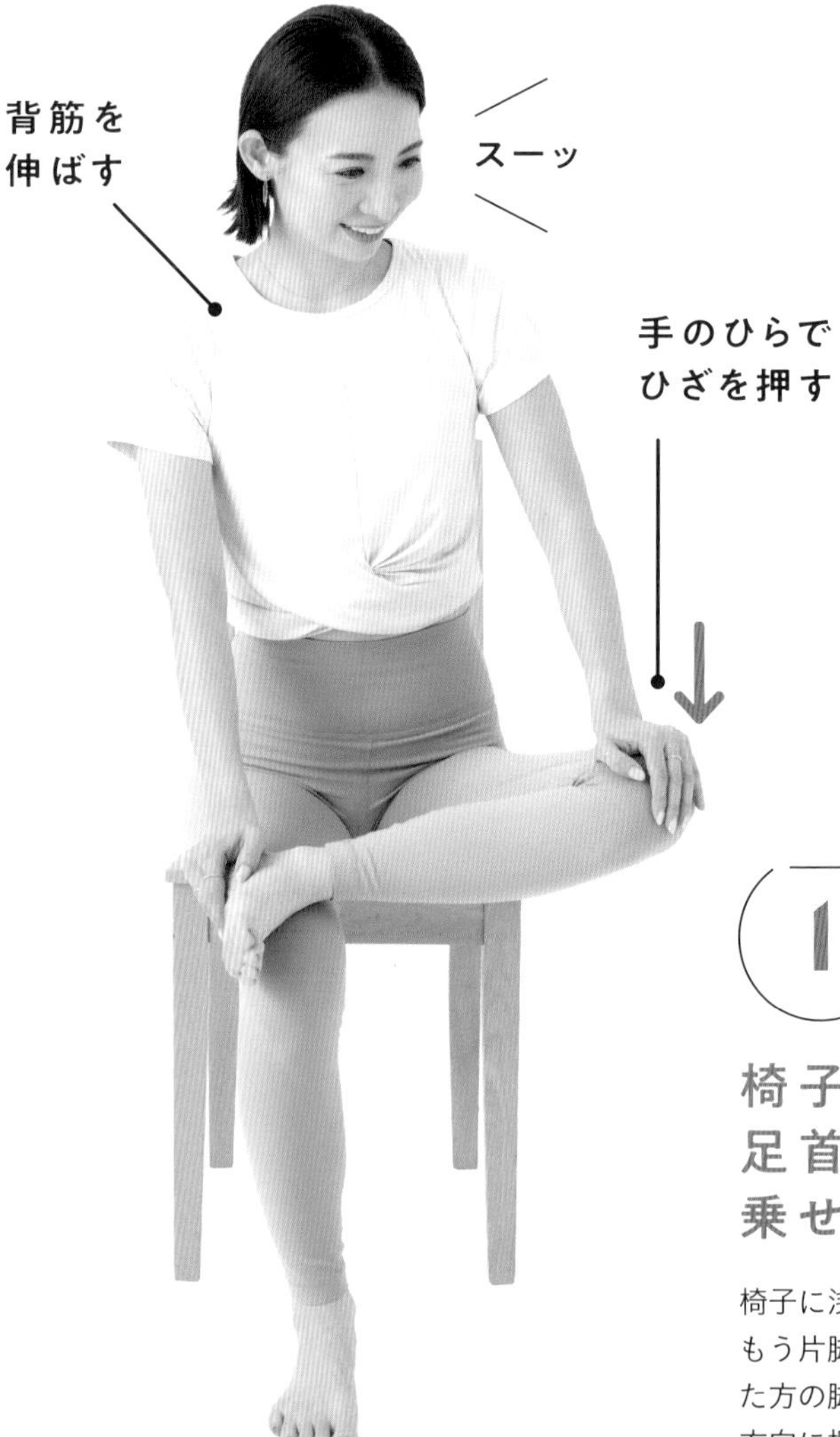

1

椅子に座り、足首をひざに乗せる

椅子に浅く腰掛けて、足首をもう片脚のひざに乗せ、乗せた方の脚のひざを軽く手で床方向に押す。息を吸って、背筋を伸ばし、骨盤を立てる。

② 上半身を前に倒して、背中が丸まらないところでキープ

息を吐きながら、背筋を伸ばしたまま、ゆっくり上体を前に倒す。胸を張り、脚の付け根で紙を１枚挟むイメージ。背中が丸まらない角度で８秒間キープ×２セット行う。反対側も同様に。

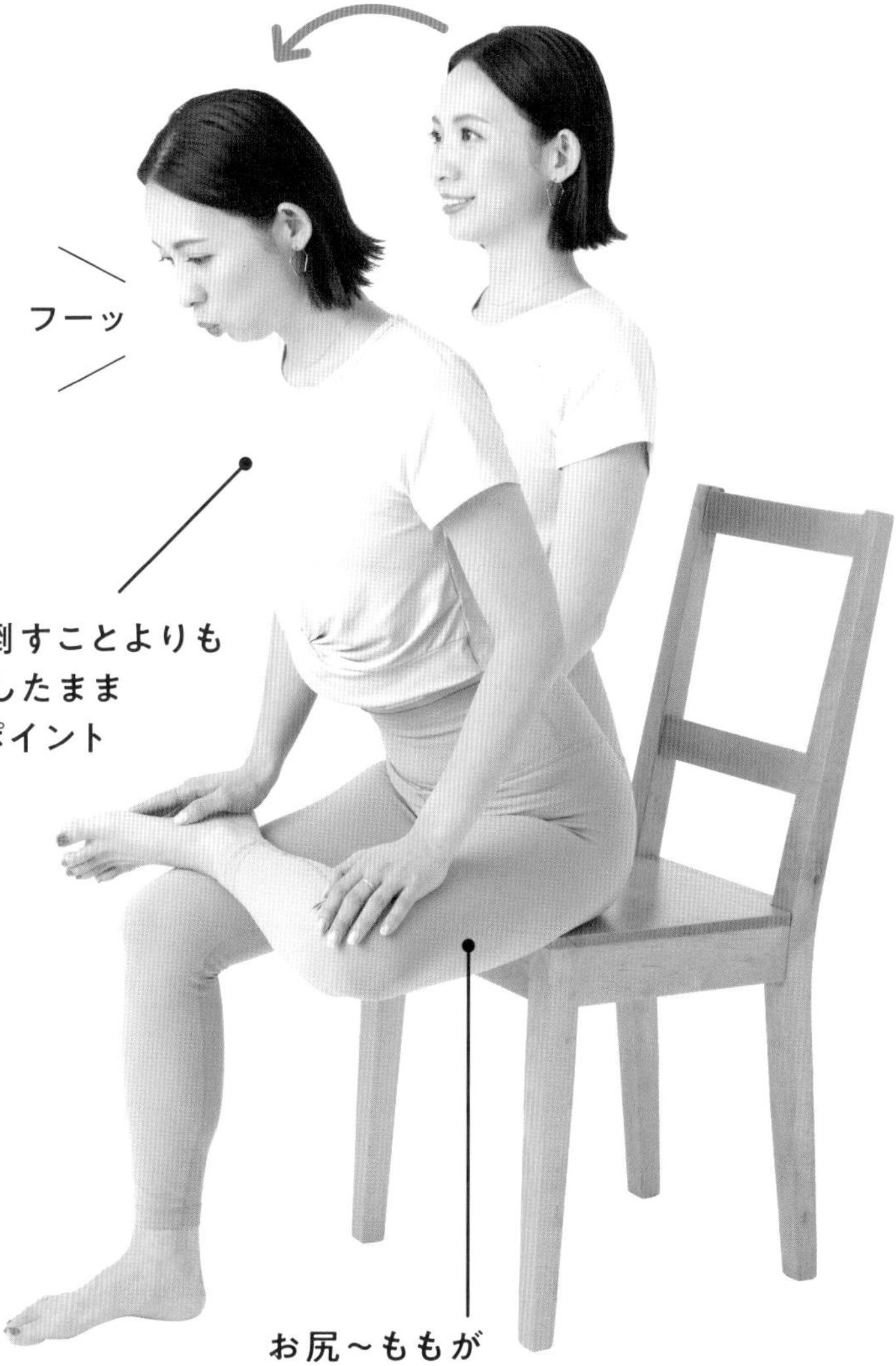

大胸筋もしなやかに

胸開き深呼吸

1分半でできる!

動画でCHECK

1 ローラーを胸の下に置き10回深呼吸する

胸の下にローラーがくるように仰向けになり、頭の下にはクッションを置き、ひざを伸ばす。息を吸ってバンザイしたら、息を吐いて、肩とひじは力を抜く。このまま10回深呼吸する。

あごが上を
向かないよう注意

郵 便 は が き

お手数ですが、
切手を
おはりください。

1 5 1 0 0 5 1

東京都渋谷区千駄ヶ谷 4 - 9 - 7

(株) 幻 冬 舎

書籍編集部宛

ご住所 〒

都・道
府・県

フリガナ
お名前

メール

インターネットでも回答を受け付けております
https://www.gentosha.co.jp/e/

裏面のご感想を広告等、書籍の PR に使わせていただく場合がございます。

幻冬舎より、著者に関する新しいお知らせ・小社および関連会社、広告主からのご案内を送付することがあります。不要の場合は右の欄にレ印をご記入ください。

不要 □

本書をお買い上げいただき、誠にありがとうございました。
質問にお答えいただけたら幸いです。

◎ご購入いただいた本のタイトルをご記入ください。

『　　　　　　　　　　　　　　　　　　　　　　　　　　』

★著者へのメッセージ、または本書のご感想をお書きください。

●本書をお求めになった動機は？

①著者が好きだから　②タイトルにひかれて　③テーマにひかれて
④カバーにひかれて　⑤帯のコピーにひかれて　⑥新聞で見て
⑦インターネットで知って　⑧売れてるから／話題だから
⑨役に立ちそうだから

生年月日	西暦	年	月	日（	歳）男・女

ご職業				
	①学生	②教員・研究職	③公務員	④農林漁業
	⑤専門・技術職	⑥自由業	⑦自営業	⑧会社役員
	⑨会社員	⑩専業主夫・主婦	⑪パート・アルバイト	
	⑫無職	⑬その他（　　　　）		

ご記入いただきました個人情報については、許可なく他の目的で使用することはありません。ご協力ありがとうございました。

デスクワークなどで
凝り固まった
胸とお腹が一気に伸びる

NG ローラーを腰の下に
入れないで!

腰に違和感がある場合は
ひざを立ててもOK

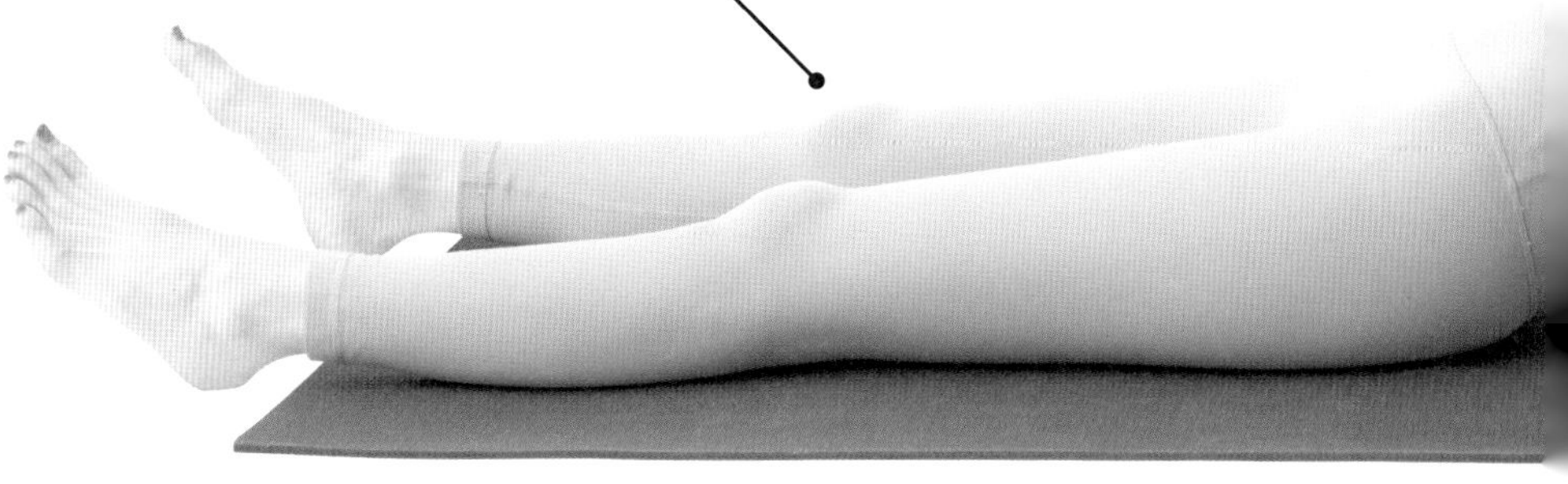

お尻をちょっと鍛えるだけで全身がみるみる整う

筋肉をほぐして、伸ばすことで、伸縮性・柔軟性が高まりました。ここで初めてお尻の筋肉を鍛えていきます。そうすることで、お尻が引き上がります。お尻には大きな筋肉があるので、ちょっと鍛えるだけでもトレーニングの効果は絶大です。

今から紹介する2つのトレーニングは、寝転がった状態で行うのですが、これにはちゃんと理由があります。今回、鍛えたいのは普段使えていないお尻の筋肉です。寝転がった状態で行うことで、**脚への負担をできる限り減らし、お尻の筋肉にアプローチ**していきます。

どちらも筋トレが苦手な方でもすぐにマスターできる簡単な動きにしました。まずは今まで使えていなかったお尻の筋肉を目覚めさせるために、手でサポートしながらお尻全体の筋肉を動かしていきます。手でサポートすることで、自分では意識しづらいお尻がうまく動きます。

次に少し繊細な動きで、より集中的にお尻にアプローチ。垂れたお尻をキュッと引き上げ、**お尻の上部にボリュームを出していきます。**

1回でも効果を実感できますが、これを習慣にすると、お尻の筋肉が日ごろから動くようになります。歩いたり、立ち上がったりといったちょっとした動作の中でもお尻の筋肉が動くようになるので、トレーニングとの相乗効果でヒップラインがどんどん引き締まっていきます。さらに普段頑張りすぎていた太ももの筋肉の負担を減らすこともできるので、脚はみるみる長くなっていきます。

お尻の筋肉は、骨盤を支えたり、股関節を動かしたりと、とても大切な役割を担っています。うまく使えるようになると美姿勢を保てたり、脚がむくみにくくなったり、腰やひざの痛みが軽減されたりと、全身にいい影響を与えることができます。

垂れ尻にサヨナラ!

ヒップリフト

2分以下でできる!

動画でCHECK

1 脚を肩幅に広げ 腰をマットにぴったりつける

仰向けになり、両ひざを立てて、脚を肩幅程度に広げる。
つま先は45度外向きにし、息を吸う。

両ひざが
閉じてこないよう
注意!

2 お尻を上げ 両手で支える

息を吐きながらお尻をゆっくり上げる。両手でお尻を支え、お尻を内側に締めて、10秒間キープ。1の状態に戻り、3セット行う。

恥骨を上に突き上げて
鼠《そ》径《けい》部《ぶ》を伸ばす

かかとはできるだけ
ひざの下に

丸いお尻を育てる!

片尻ちょいリフト

2分以下でできる!

動画でCHECK

1 うつ伏せになり、脚をマット幅に開いて片ひざを曲げかかとを天井に向ける

うつ伏せになり、マット幅に脚を広げる。片ひざを90度に曲げて、かかとを天井に向ける。伸ばしている脚のかかとは少し内側に倒し、ひざはやや外側に向ける。

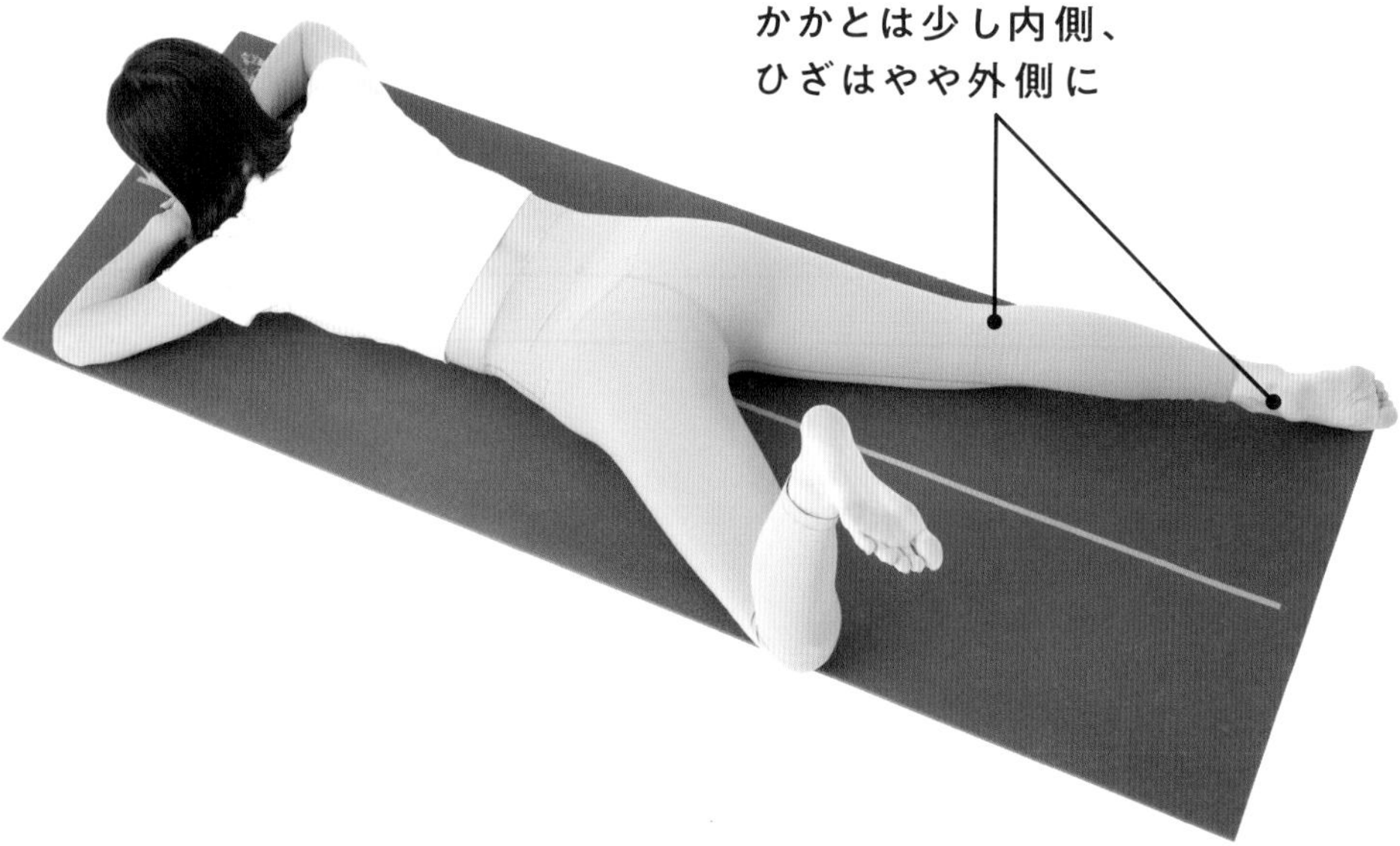

2 曲げている方の脚を持ち上げる

息を吸って、吐きながら、曲げている方の脚を股関節から持ち上げ、2秒キープ。この時、恥骨と腰骨がマットから浮かないように注意。脚の上げ下ろしを10回×2セット行う。反対側も同様に。

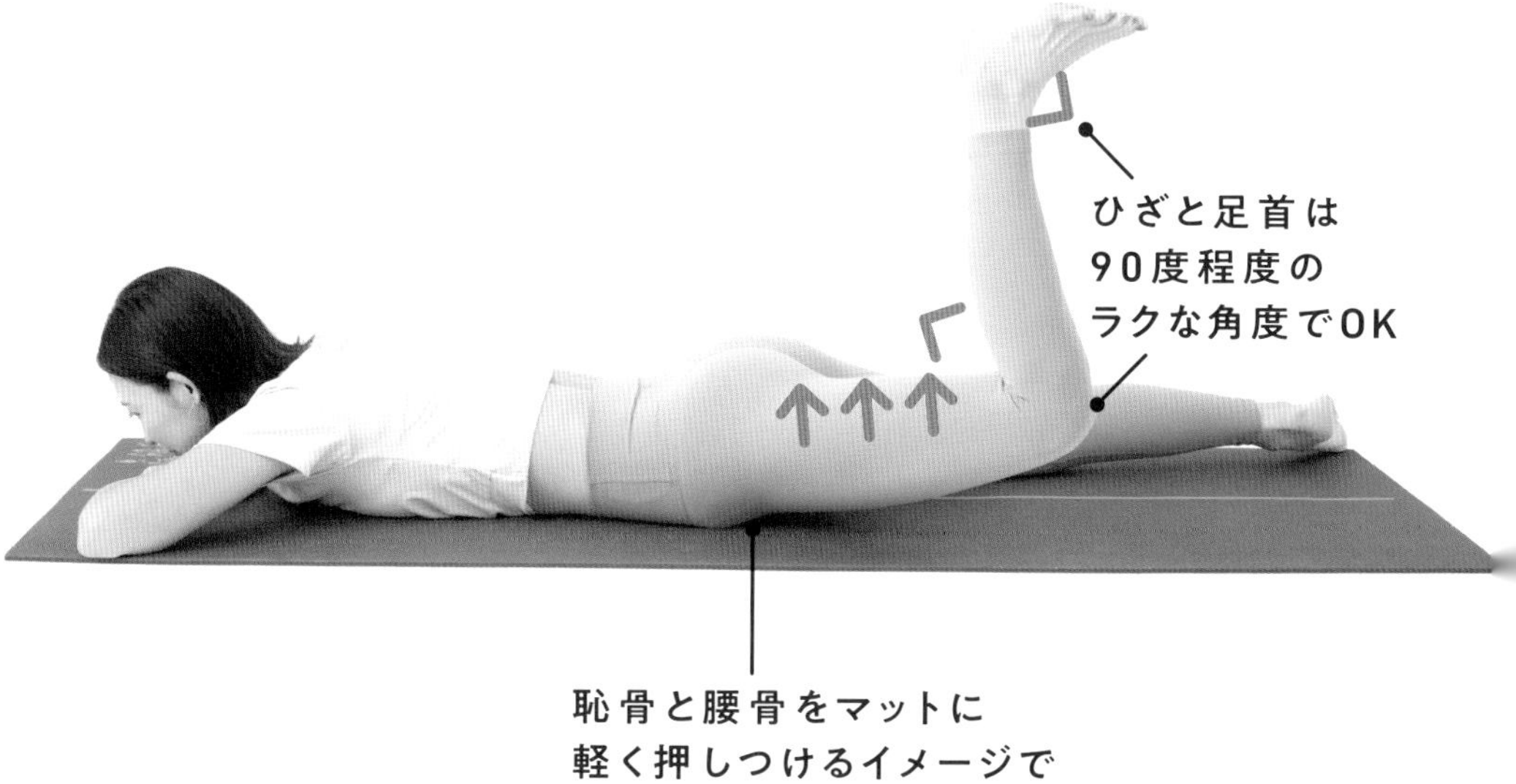

スクワットをやるのはちょっと待って

下半身の大きな筋肉を中心に、全身を鍛えられる「スクワット」。筋力アップにはもってこいのトレーニングなので、効率よく筋肉量を増やしたい方にはおすすめですが、脚を長く、細くしたいならば、今は避けた方がいいかもしれません。

たしかにスクワットは、お尻の筋肉や、たるみやすい内ももに効かせることができますが、お尻の筋肉や股関節がうまく使えていないまま行うと、前ももやもも裏ばかりが先に鍛えられてしまうので、**ムキムキの脚になってしまう可能性大！**

美脚デザインのトレーニングは、普段使っていないお尻の筋肉を目覚めさせると同時に、日常で頑張りすぎている脚の筋肉の負担を減らします。これにより、最短ルートですらりとした脚長へ導くことを目指しています。一方で、お尻や内ももだけではなく、普段酷使している前ももやもも裏の筋肉まで鍛えられてしまうスクワットを行うと、逆効果になってしまう可能性があるので気をつけましょう。

スクワットと同様に、ジャンプにも注意が必要です。最近、全身運動ができるトレーニングとしてジャンプが注目されるようになり、ミニトランポリンなどおうちで手軽に使えるトレーニングアイテムも続々登場しています。

たしかにジャンプは、スクワット以上の負荷を下半身にかけることができますが、その分ひざにも負担をかけることになるので、すらりとしたまっすぐな脚を遠ざけます。また、**ジャンプをすると、体重の3倍以上の負荷がかかる**とも言われているので、ケガのリスクも高まります。

脚に効く、お尻に効くからと、あれもこれも試したくなる前向きな心構えは、〝ナイス意識〟です！　でも、美脚を目指すなら、筋肉を狙い撃ちして、しっかりと効かせたいところだけに効かせられるトレーニングを厳選して行った方が、効果が高まるということを覚えておきましょう。

「早歩き」が美脚への近道

美脚デザインのトレーニング終了後、STEP3のお尻のトレーニングだけは毎日続けてほしいとお伝えしましたが、もうひとつ日々の生活の中で心がけてほしいことがあります。それが「早歩き」です。

健康のためにウォーキングをルーティンにしている方もいるかもしれませんが、その際も早歩きがおすすめです。ゆっくり歩く人は、足の裏全体をペタペタつけたまま、すり足気味になっていることが多いです。このペタペタ歩きは、脚を後ろに蹴り出す動作がほぼないため、お尻の筋肉が使われにくくなります。またこの歩き方は、**前ももの筋肉を多く使ってしまい、脚が太くなる原因になります。**スマホを見ながらペタペタ歩くと、さらに前傾姿勢になって、前ももの負担は大変なことに!!

逆に、脚を後ろに大きく蹴るようにして早歩きをすると、歩くだけでお尻の筋力を強化することができます。

「だったら、ランニングはどうなの？」と思われる方も多いでしょう。ランニングは有酸素運動なので、脂肪燃焼効果は高いです。しかし、ジャンプと同様に、ひざへの負担が大きいので、運動初心者さんにはおすすめしません。

歩数や距離を稼ぐことよりも大事にしたいのが、この早歩きです。少し早起きして、いつもより遠回りして最寄りの駅を目指したり、駅と駅の距離が比較的短ければ、隣の駅まで早歩きしてみたり。帰宅時も1つ前の駅で降りて、家まで早歩きしたり。たったそれだけのことでも、脚長効果を持続させることができます。

COLUMN
02

食べたいものを食べた方が心の栄養にもなる

美脚デザインのトレーニング中だからといって、過度な食事制限は一切不要です。

私も食べたいものがある時は、ラーメンだって、とんかつだって、スナック菓子だって食べます（笑）。

しかしお腹が空いていないのに、なんとなく食べて欲求を満たすのは健康のためにもよくないし、お金がもったいないと思いませんか。食後に「なぜ、食べてしまったんだろう?」と罪悪感に苛《さいな》まれるのも、心の健康のためによくありません。

そこで食べる前に、**これを本当に欲しているのかどうか**ちょっと考えてみてください。食べたいと思えば食べればいいし、すごくお腹が空いているけれども、別にこれでなくてもいいかもしれないと思うなら、やめればいいんです。

これぐらいの気持ちで取り組むと、気持ちがラクになり、食べることに対してポジティブな見方ができるようになります。

美脚デザイン終了後、体の変化を感じて、
もっと脚長になりたいとやる気が高まっている方に向けたレベルアップ編！
お尻だけでなく、普段使えていない内もも部分も一緒に鍛えられる、
やや上級者向けのトレーニングなので、効果てきめん！

PART
―
3

まだまだ伸びる
絶対美脚

ほぐす＋伸ばす＋ちょっと鍛えるの「美筋ヨガ」

美脚デザインのトレーニングは、「ほぐす＋伸ばす＋ちょっと鍛える」の3ステップを踏むことで、効率よく脚を長くすることができます。この3ステップの構造は、伝統的なヨガの技術と、解剖学で学んだ理論を活かしながら私が独自にアレンジしたメソッド「美筋ヨガ」がベースになっています。

美筋ヨガは、硬くなった筋肉をリリースでほぐし、呼吸とともにほぐれた筋肉をストレッチで伸ばして、効かせたい筋肉や部位にフォーカスし、筋トレでちょっと鍛えるという流れになっています。ヨガはポーズをとることが重要と思われている方も多いかもしれませんが、目的はそこではありません。体も心も自分にとって快適な状態になることを目指すのがヨガの基本です。だから3ステップを順番に行い、骨格を本来あるべき場所に戻すことで、体も心もフラットになり、自然とヨガの効果を得ることができるんです。**順番を入れ替えて行うと、効果を感じにくくなって**

しまうので、この順番をしっかり守ってやってみてください。

このPART-3では、STEP3のちょっと鍛えるをパワーアップさせた4つのトレーニングを紹介します。すでにSTEP1ほぐすと、STEP2伸ばすで、筋肉が使いやすい状態をキープできているので、ここでさらに鍛えることでより脚長効果が！　トレーニングの強度を上げ、同時に2つの筋肉にアプローチしたり、お尻と太ももの境目など、より細かい部分にアプローチ。また、サボりグセがついてしまっている内ももの筋肉にもフォーカスしていきます。

強度が上がったといっても、シンプルな動きばかりなので、すぐにマスターできるはずです。ご自身の体と向き合いながら、さらに脚長メイクを加速させていきましょう。

長距離走スタイルで脚長を目指す

私がボディメイクをしていく上で常に意識していることが、急に頑張ったり、急にやめたりしないということ。人生においては、体作りだけでなく、自分の生活リズムを大切にして過ごすことが、すごく大事だと思っています。

だから、私は休日に朝寝坊をしたり、一日だけストイックに長時間運動したりするということは一切ありません。

こうした短距離走ではすぐ失速してしまうので、長距離走のように細く長く続けていくことが、ボディメイクを成功させ、健康を保つ近道です。だからこそ美脚デザイン終了後も、できるかぎりこのトレーニングを続けてほしいと思っています。

また毎日鏡の前で**自分の体を観察したり、触れることで、体の変化を敏感にキャッチ**できるようになります。するとどこが凝っているかなどに気づきやすくなるので、その部分だけほぐしてみたりなど、自分でメニューをコントロールできるようになります。そうすれば脚長の効果は持続します！

後ろ姿はまるで20代

〝後ろ姿には年齢が出る〟とよく言われます。お尻の高さは加齢とともに下がっていき、太ももとの境目がなくなり、ダルダルに。こうした体型の変化は、実は服の上からでもわかってしまいます。

後ろ姿を自分で見る機会は少ないため、それになかなか気づくことはできません。知らず知らずのうちに、後ろ姿から老いてしまっているなんてことも……。

逆に、後ろ姿に年齢が出やすいということは、お尻を鍛えて、脚周りをすっきりさせることができれば、まるで20代のような張りのある美しい後ろ姿にだってなれるということです。お尻が引き上がっている人は後ろから見ると、若々しく見えます。

いつまでも若々しく、健康的な人は魅力的です。しなやかで柔らかい筋肉があれば、**美姿勢をキープしやすくなるため、肩こりや腰痛などの不調が緩和**します。また、姿勢がよくなり、呼吸が深まることで思考も前向きになり、心身ともに健康を維持しやすくなります。見返り美人ならぬ、後ろ姿美人を目指しましょう！

内ももにもアプローチ！

クッションリフト

1分以下でできる!

動画でCHECK

1 仰向けでひざを立て脚の間にクッションを挟む

クッションを用意する。仰向けになり、両ひざを立て、脚の間にクッションをぎゅっと挟む。息を吸う。

かかとの位置がお尻から遠くなるほどもも裏に効いてしまうので注意

クッションを使うことで、
太ももとお尻の境目の部分に
アプローチ

2 クッションを落とさずお尻を上げる

息を吐きながら、恥骨からゆっくり持ち上げ、クッションをつぶすように内ももに力を入れる。息を吸って1の状態に戻り、10回×2セット行う。

重力に逆らう！

横ももリフト

2分以下でできる！

動画でCHECK

1 片方の手と脚で体を横向きに保つ

ひざ立ちになり、片手をひざの延長線上につける。もう片方の脚は床と平行になるように浮かせる。この時、頭からかかとまでが一直線になるようにする。

2 股関節を支点に脚を上げる

息を吸い、吐きながら、股関節から持ち上げるように、脚全体をさらに天井方向に上げる。1の状態に戻り、10回×2セット行う。反対側も同様に。

脚長へのゴールを決める

インサイドキックリフト

1分半でできる!

動画でCHECK

1 横向きに寝て下側の脚を伸ばし上側の脚を前に置く

頭の下に腕を置き、横向きに寝る。上側の脚を下側の脚の前に置き、頭、肩、骨盤、かかとが一直線になるように、下側の脚をまっすぐ伸ばし、息を吸う。

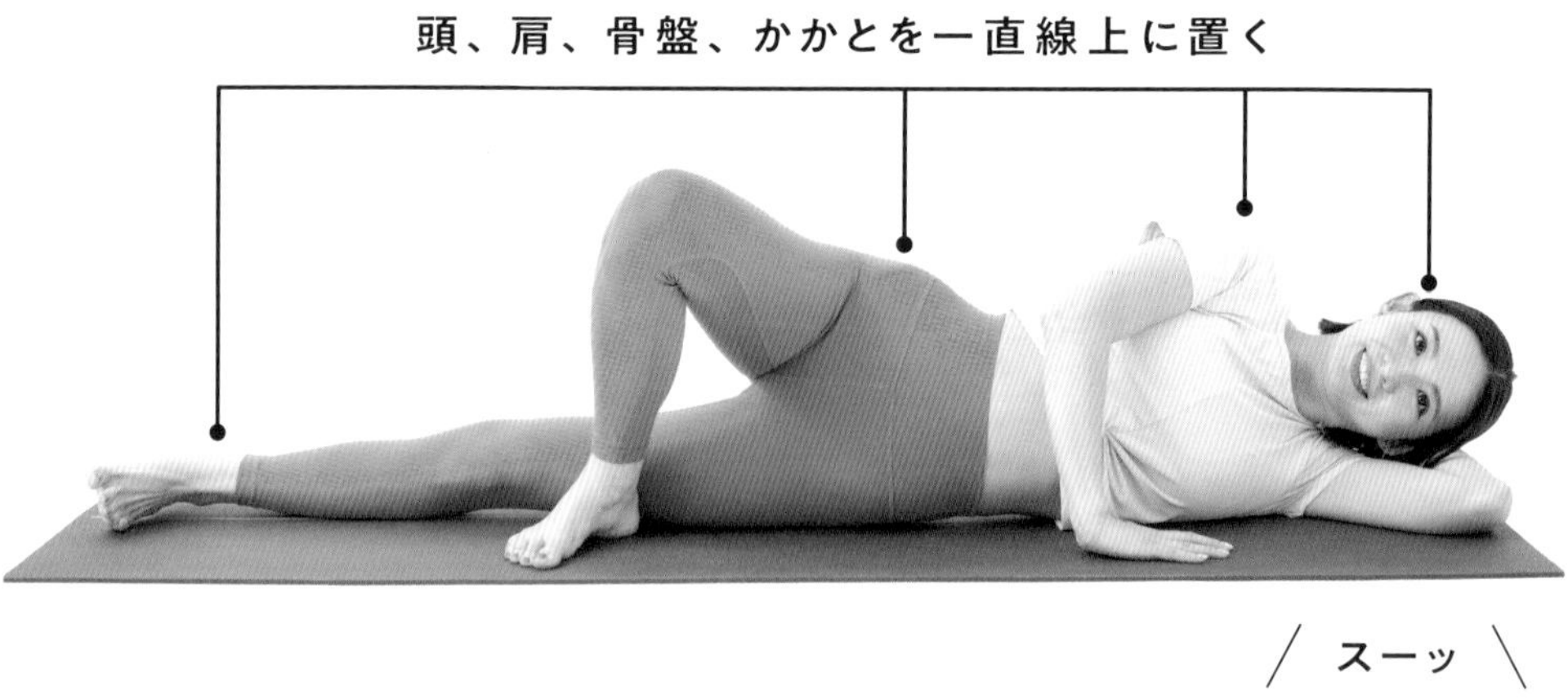

NG ひざのお皿を上に向けないで!

2 伸ばした脚を上方向に上げる

息を吐きながら、下側の脚を持ち上げる。内くるぶしでボールを蹴り上げるようなイメージで。内ももに負荷を感じていればOK。10回×2セット行う。反対側も同様に。

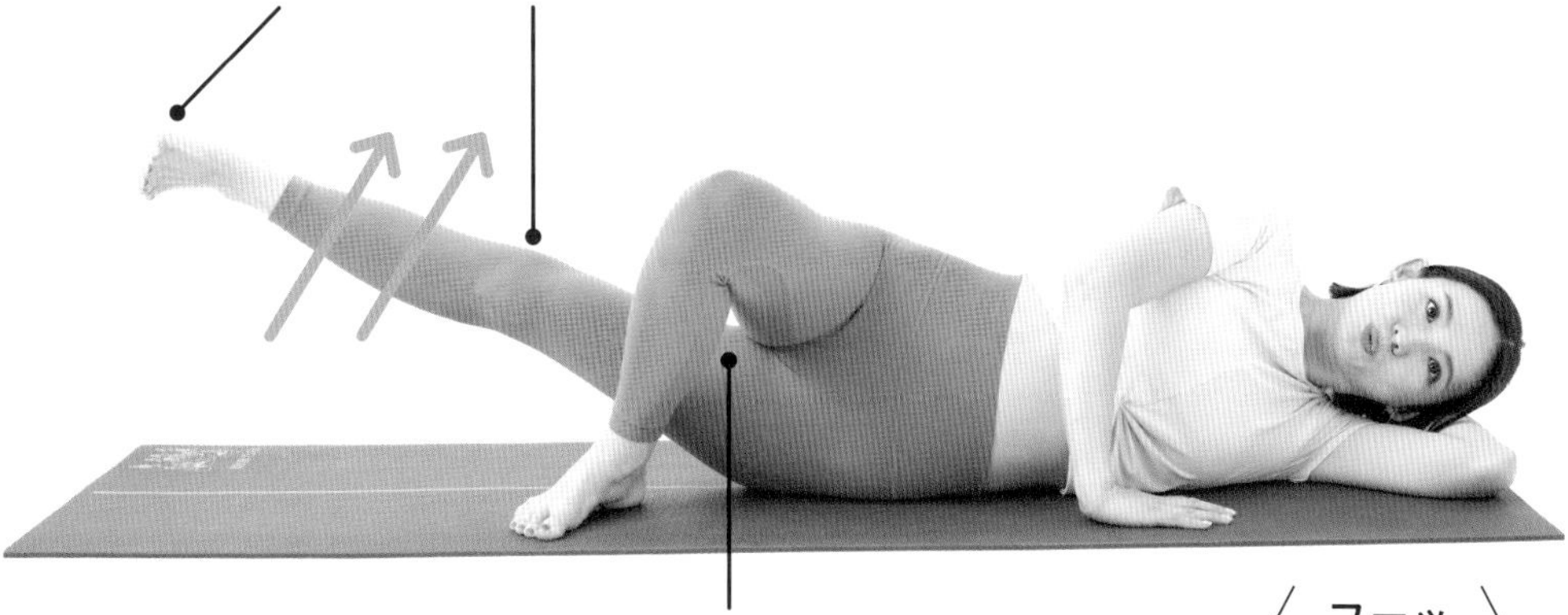

お尻キュッ

クリオネ体操

30秒でできる!

動画でCHECK

1

かかとをつけて体ダラーン

つま先を30度外側に開く。ひざも同じ向きになるように軽く曲げる。両手を軽く開いて、体の横に下ろし、息を吸う。

スーッ

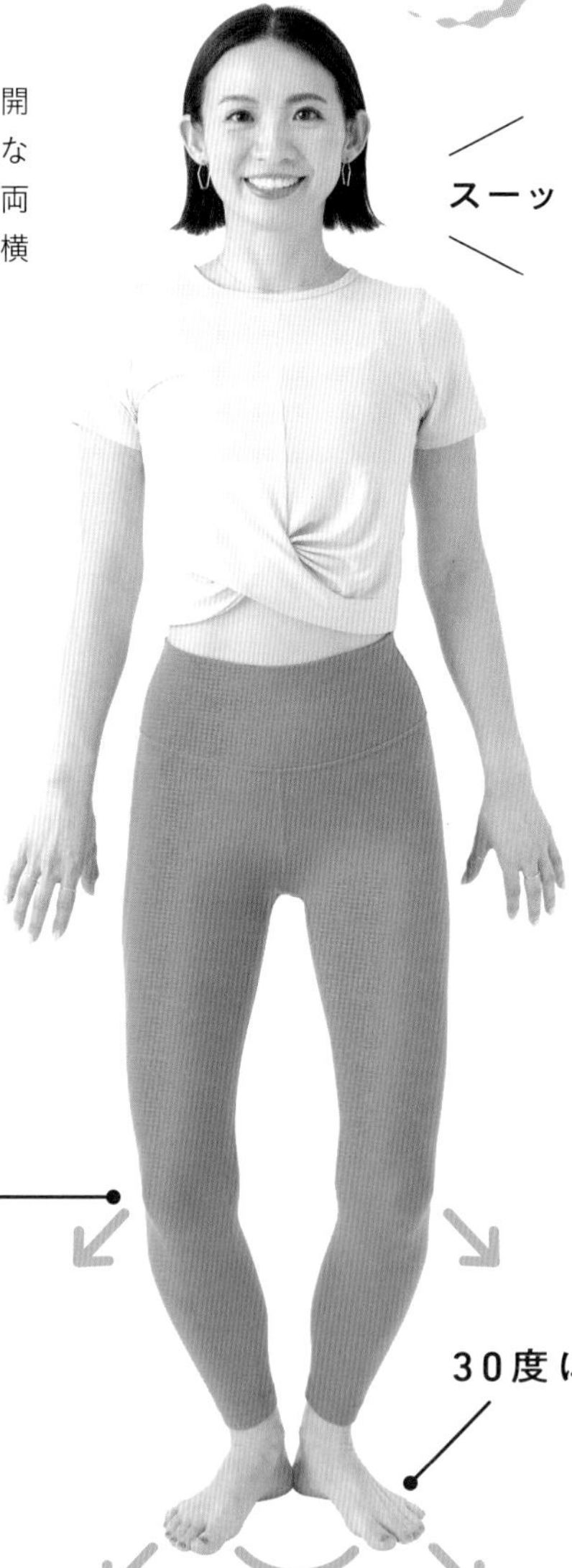

ひざもつま先と同じ向きに

30度に開く

手で〝締める〟
イメージで
お尻と内ももを強化

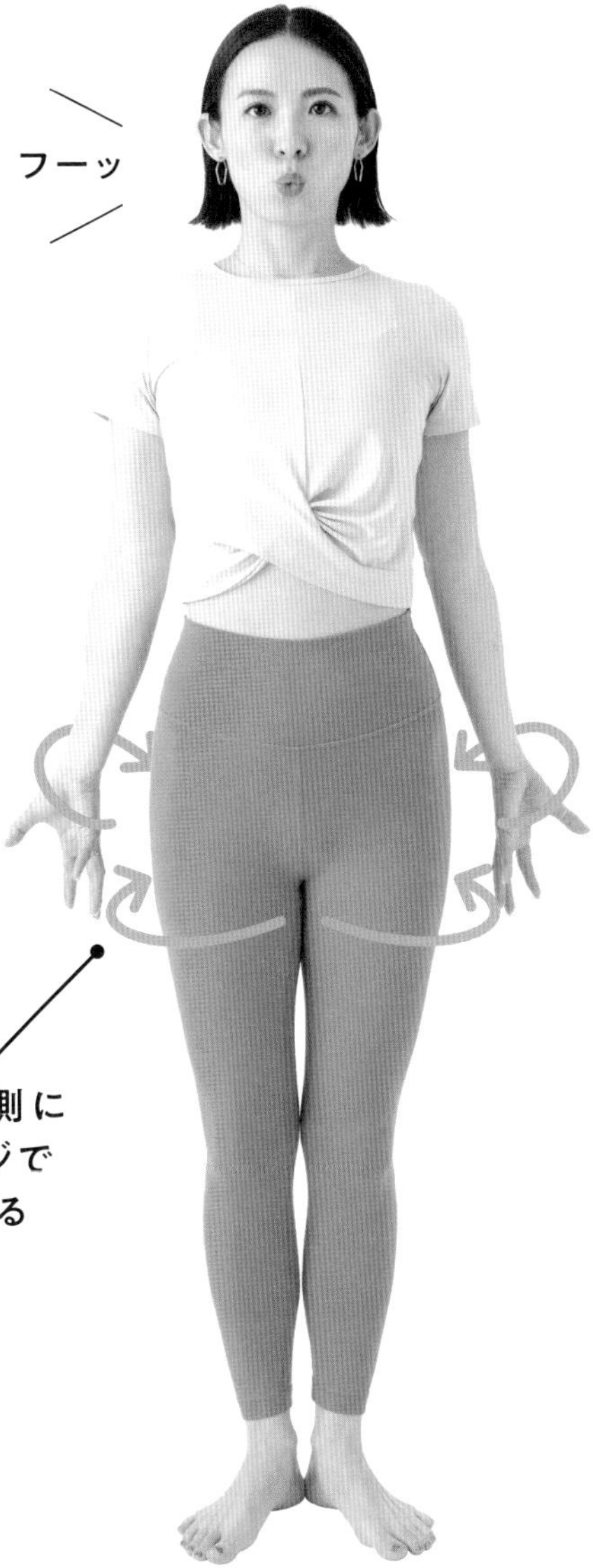

2

手を外側に回しながらお尻を締める

息を吐きながら、手を外側に回転させ、ゆっくりひざを伸ばす。この時、お尻もキュッと締める。手を内側に回転させながら1の状態に戻り、10回行う。

COLUMN
03

ワードローブスタイリスト直伝！
脚長コーデ見本

脚が長くなると、似合うコーディネートのバリエーションが増え、今まで以上にファッションが楽しくなります。せっかくなので、脚長コーデを取り入れて、ボディメイクで手に入れたシルエットをさらに目立たせませんか。

そこで私が日ごろからお世話になっているワードローブスタイリストの山川ユカリさんに、脚長コーデのポイントをシーズン別に教えてもらいました。

「体の細いパーツをしっかり見せることで、脚は長く見えます。また、**トップスにポイントとなる色を置いて目線を高くしたり、センタープレスやストライプのアイテムを選んだりすると脚長効果抜群**です。響かない下着を選んで、体のラインを拾わないようにするのも大切。ちょっとした調整で見え方が変わるので、廣田さんへのスタイリングを参考に、ぜひ取り入れてみてください」

山川ユカリさん

アパレルブランドの販売員を経て、ブランドVMDとして、バイイング、スタッフトレーニングなどに携わる。現在は、完全予約制のワードローブスタイリストとして活躍。「大切な服を長く着る」をコンセプトに、今ある服を活かした新たなスタイリングを提案。毎日を彩るファッション全般のサポートをしている。

Instagram @youkariyamakawa

01 SPRING

センタープレスパンツで縦ラインを強調

シンプルなコーディネートだからこそサイズ選びが命。カジュアルになりがちなTシャツスタイルを、キレイめで美しい直線が描けるワイドのセンタープレスパンツでコーディネート。ウエストを無理に締め付けず、脚の付け根や脚周りにシワが入らないサイズ感のパンツを選ぶことで、上から下への目線が途切れることがなく、脚長効果が期待できます。

02 SUMMER

クロップドJK×ミモレ丈スカートでスタイルアップ

バランスのとりづらいミモレ丈スカートスタイルを、同色コーデで縦長に。トップスをインして、ウエスト位置を高めにマーク。さらにクロップド丈のジャケットを羽織ることで、重心を高く見せます。半端丈のスカートを着る時は、足首周りの細い部分を見せるのがポイント。足元は、細いストラップのサンダルで、脚の華奢さを強調しましょう。

COLUMN 03

03 AUTUMN

ロングカーディガンで縦長ラインが即完成

前開きのニットワンピースをロングカーディガン感覚で、白の縦長コーデにレイヤード。胸元がほどよく開いたカットソーに、ゴールドのネックレスでポイントを高く見せることで、重心アップ効果が。ヒールのあるブーツを合わせると、全体のバランスを保ちながら、スタイルをすっきり見せます。バッグには、自然と馴染むブラウンを。

04 WINTER

タイトスカートで美尻と脚長アピール

トレーニング後の美しいヒップラインを活かしつつ、脚長に見せるならタイトスカートを。脚の形を拾いにくいダークカラーがおすすめです。同色のトップスに、重ね着したインナーを少しだけのぞかせると◎。さらに、ボリュームストールを長めに巻けば、目線もアップ。タイトなボトムスも、小物や色使い次第でバランスよくまとまります。

PART 4

100歳まで歩けるヘルシー美脚の作り方

年齢を重ねても背筋をしゃんと伸ばして歩きたいし、健康的に元気に暮らしたい。そのためにもしなやかでヘルシーな美脚を長くキープできたら理想的ですよね。ここでは加齢によって痛めやすいひざや、筋力が低下しやすい足裏にアプローチ！

健康的な体は下半身から

年齢を重ねていくと、体は思うように動かなくなっていきます。これは筋肉が衰えていくから。筋肉量の減少は25～30歳頃から始まり、生涯を通して進行します。普段と何も変わらない生活を送っているだけで、筋肉は少しずつ落ちているのです。特に、下半身は上半身と比べて筋力低下が顕著に起こります。

下半身の筋肉は、体を支えて、まっすぐな姿勢を保つ、言うなれば体の土台です。重力に負けずに、筋肉が骨をしっかり支えているから人間は立っていられます。しかし、それを支えるパワーがなくなると、重力に逆らえず、全身に歪みが生じ始めます。また、脚を持ち上げる力が不足すると平坦な道でつまずいたりして、歩くのですら億劫《おっくう》になってしまうことも。**下半身の筋力が不足してくると、ボディメイク以前に、健康的な生活さえ送れなくなってしまう**のです。

だから長く元気に生きていくために、しっかりと大切な脚の筋肉を動かして、〝下半身力〟をアップしましょう。下半身力が備われば、血行が促進されて体温が上がるため、冷えやコリ、むくみはもちろん、腰痛やひざ痛など体の様々な不調を引き起こしにくくなります。またメンタルの強化にもつながり、前向きに生きられるようになるのもうれしいメリット！

　下半身力アップに効果的なトレーニングが2つあります。まずは、ももの前側の大腿《だいたい》四《し》頭筋《とうきん》にアプローチする動き。ちゃんと歩ける下半身力を手に入れるためには、大腿四頭筋の筋力を正しく上げることが必要不可欠です。しっかり機能を発揮するように上手に鍛えれば、**加齢に伴うひざの痛みの予防にもなります。**

　もうひとつは、足の裏にある足底筋群という筋肉を動かすトレーニング。足底筋群は、靴や靴下を履く生活を続けているとどんどん硬くなっていきます。この筋肉が弱くなると、ひざや股関節、骨盤、背骨にまで影響を及ぼしますが、鍛えることで、地面からの衝撃を足裏でしっかりキャッチし、そのほかの部位に余計な負担がかかりにくくなります。

　筋肉は使わないと、どんどん衰えていきます。しっかりと刺激して、100歳まで歩けるヘルシー美脚を手に入れましょう。

ひざ痛改善

エアーリフティング

動画で
CHECK

1分でできる!

1 仰向けでひざを立て ひじをついて上体を起こす

仰向けになり、両ひざを立てる。ひじを肩の下あたりについて、上半身をサポート。息を吸う。

ひざをしっかり伸ばして
前ももの筋肉に
刺激を感じればOK!

2 ひざを支点に脚を上げる

息を吐きながら、ゆっくりひざを伸ばす。1の状態に戻り、10回行う。反対側も同様に。

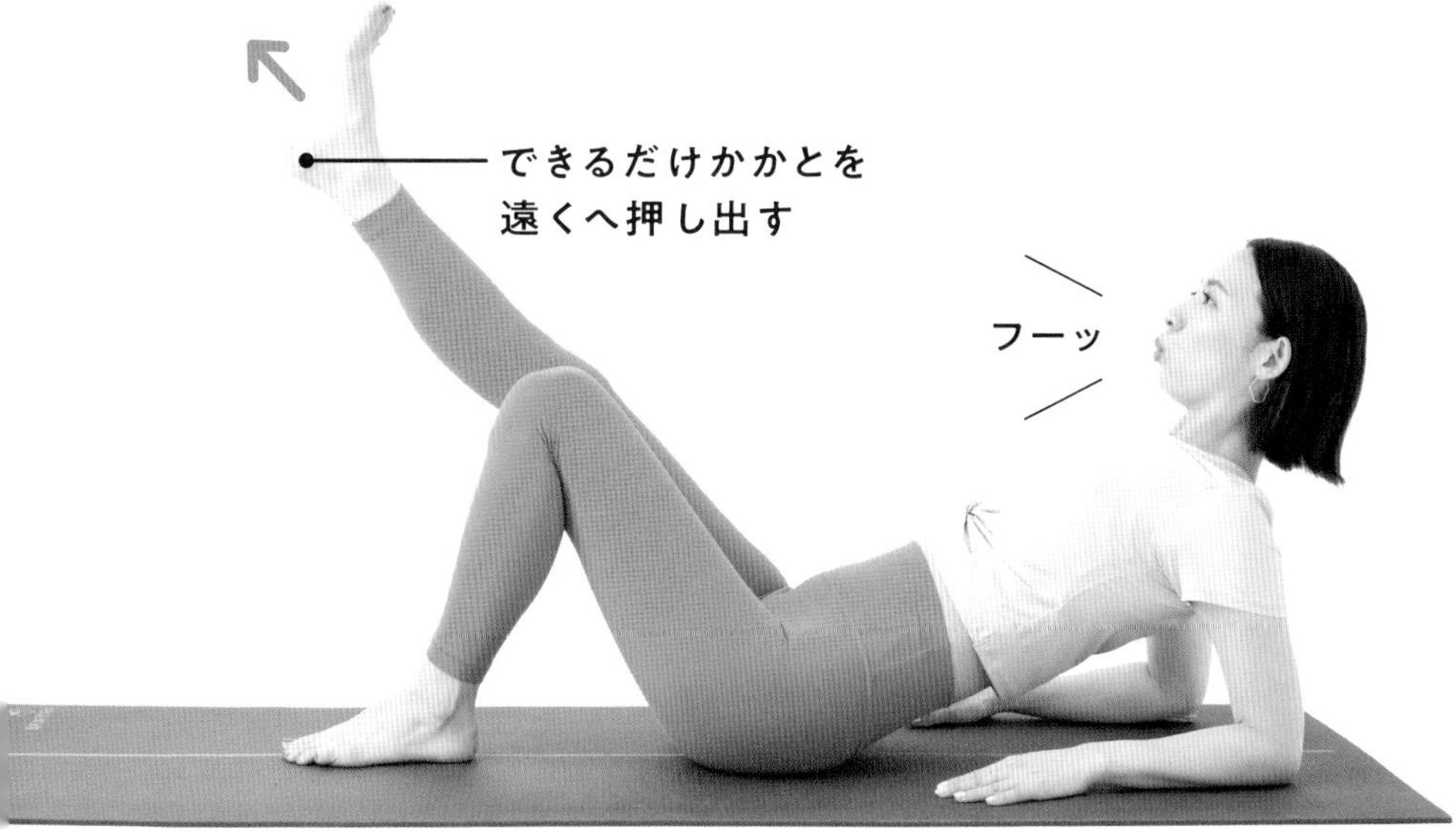

地味にジワジワ効いてくる!

つま先タオルキャッチ

動画で
CHECK

4分で
できる!

1

足の指と足裏を使ってタオルをつかむ

タオルを用意する。椅子に浅く腰掛け、床に置いたタオルを足の指でつかむ。この時、足指だけでなく、甲もしっかり丸める。

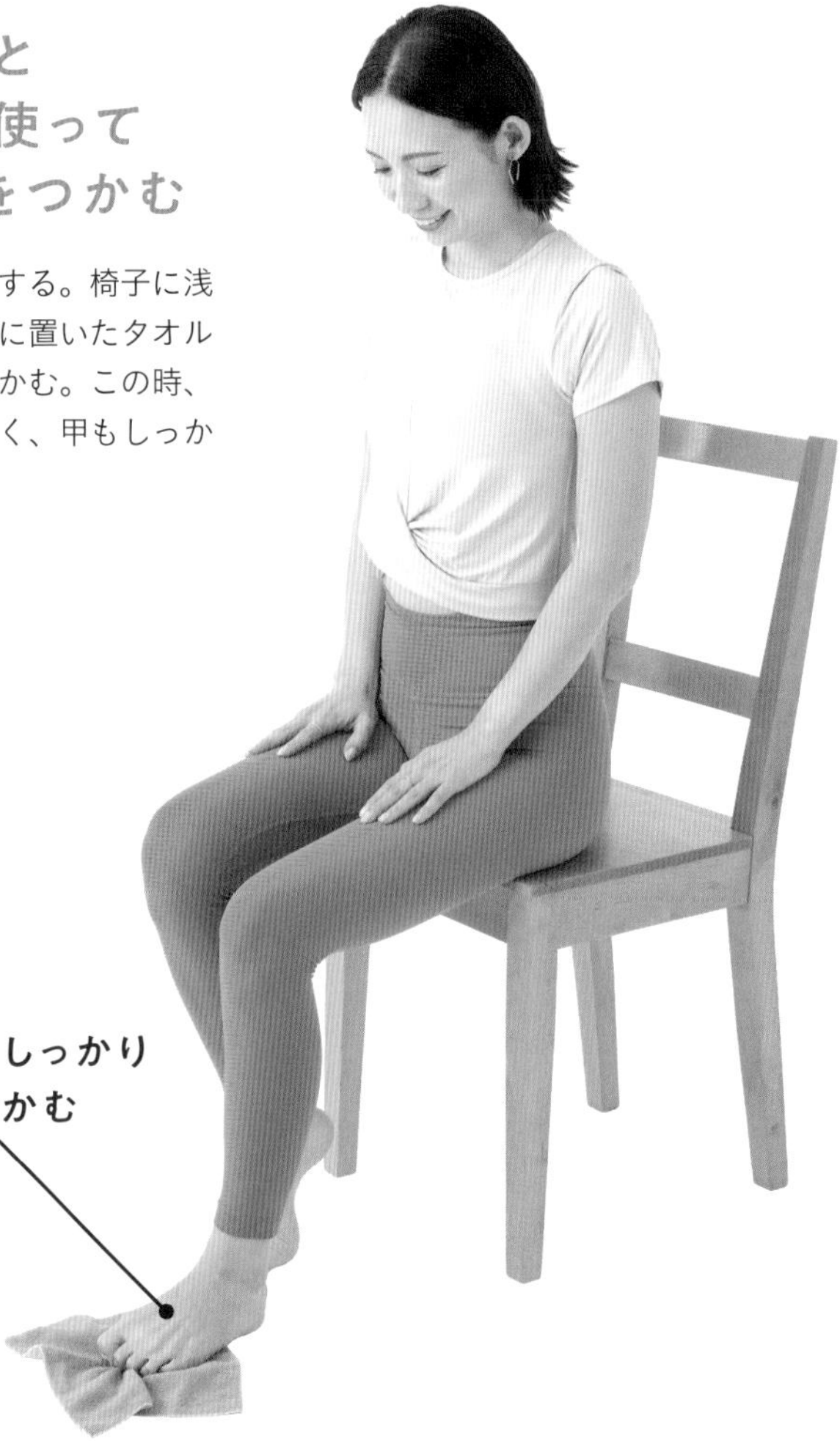

足の甲もしっかり
丸めてつかむ

足の指だけで
つかむのはNG

2

タオルを つかんだまま 持ち上げる

足首を伸ばさないようにしてタオルを床から拾い上げ、その状態を8秒キープしたあと、タオルをつかんだまま脚を下ろす。これを10回行う。反対側も同様に。

足首はできるだけ
しっかり曲げる

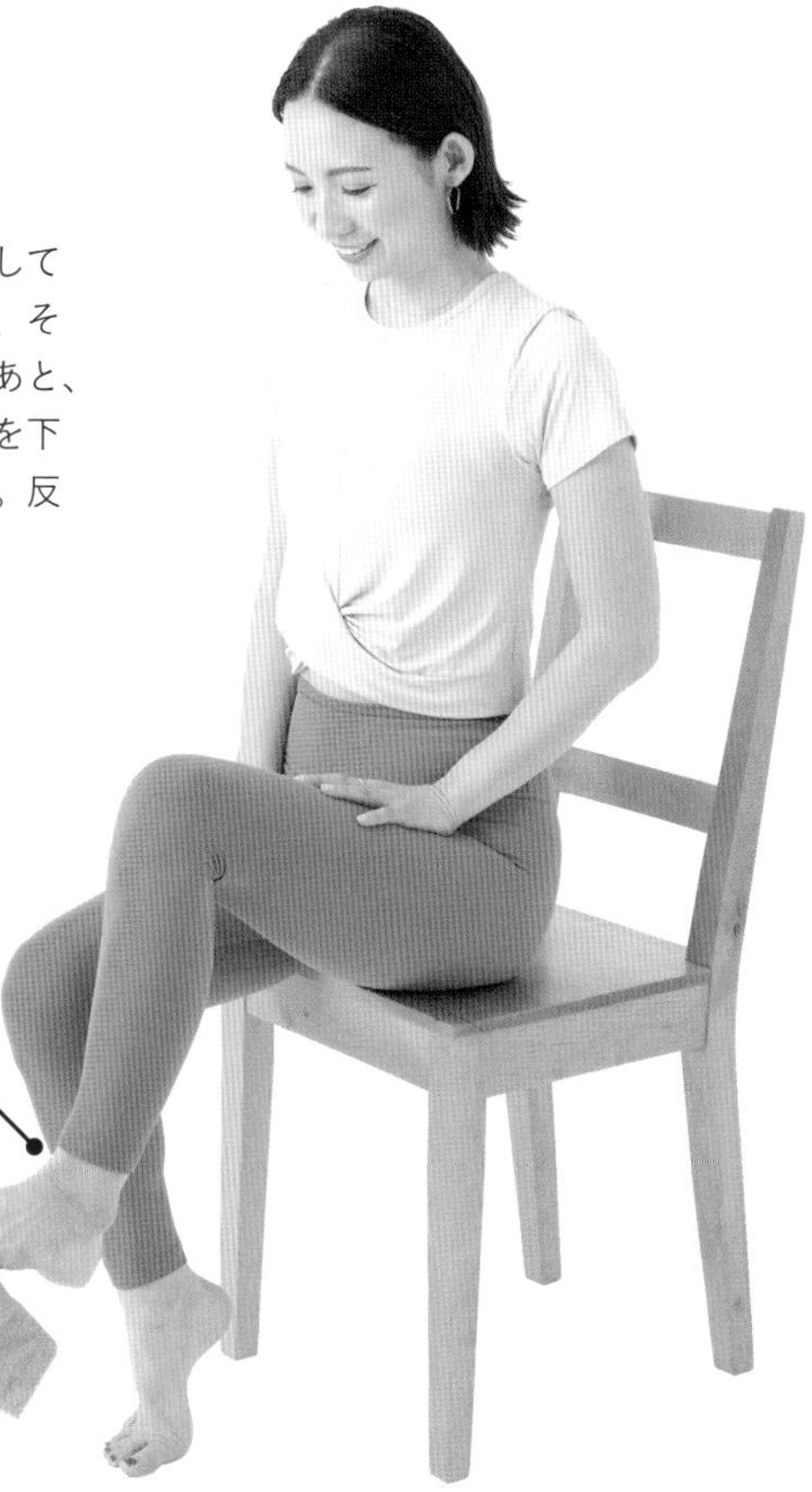

COLUMN
04

サロンメンバー大募集

〝学びながら体を整えることで「見た目も心も美しく」〟をコンセプトに、「美筋ヨガオンラインサロン」というインスタグラム上のコミュニティを運営しています。現在約1600名のメンバーが参加しています。

サロンでは、毎日トレーニングメニューを公開したり、平日毎朝7時から3分間ストレッチを配信しています。さらに月4回、お腹・脚・背中・お尻に特化した45分の美筋ヨガレッスンも実施。1人だと怠けちゃうけど、ボディメイクしたい！　という方におすすめです。

そのほか体のお悩みに答える相談会や、たわいもないことを話す雑談会、専門家を招いて学ぶゲスト配信など、おしゃべり配信も随時開催しており、これがいつも大盛り上がり（笑）。笑うことでストレス発散にもなるので、体も心も健康になりますよ！

「美筋ヨガオンラインサロン」は、オンライン上のみならず、無料で参加できるヨガやウォーキングなど、リアルイベントも全国で随時開催しています。私やサロンメンバーとの交流も楽しめて、ボディメイク仲間がどんどん増えます。興味がある方はぜひ。月額￥2,200、入会金￥500。

https://www.hirotanao.com/bikinyoga/about/

＼ 申し込みは ココから！ ／

PART 5

始めよう！美脚習慣

理想のスタイルを長くキープしたいなら、毎日の習慣の見直しも欠かせません。
日々何気なく選んでいるものや行っていることも、
少し意識するだけで美脚習慣に。
どうせなら、頑張らなくても美脚が続く習慣を手に入れましょう！

美脚のヒントは日常にあり

今回のトレーニングを実践すれば脚はみるみる長くなりますが、座りっぱなしや立ちっぱなしの状態を放置するなど、これまでと変わらない生活を続けていると、せっかく作った美脚スタイルが崩れていってしまう可能性大。

日ごろから無意識に行っている悪姿勢や体の使い方のクセで、再び筋肉は硬くなり、体が歪んできてしまうことも。ボディメイクの効果を損なわないためにこれを機に、美脚習慣に変えていきましょう。

美脚を加速させるＯＫ習慣と、ついついやりがちなＮＧ習慣をまとめました。意識が変われば、行動も変わる。行動が変われば、習慣が変わります。

日常の中で〝ナイス意識〟を増やしていけば、美脚習慣が自然と身につき、脚長効果が持続するだけでなく、さらに脚が長くなることも！　毎日の暮らしをナイス意識で溢《あふ》れさせましょう!!

OK

普段履く靴は幅広のものを

普段履いて歩く靴は、先が細くて幅が狭いものより、幅広で甲高のものをチョイスしましょう。足指と足首が動かしやすい状態だと、お尻や脚の筋肉もうまく使えるようになるので、自然と美脚になれます。

OK

座る時は高めの椅子を

長時間デスクワークをする時は、座る椅子の高さに注目。股関節がひざよりも低い位置にあると、猫背になりがち。逆に股関節がひざより高い位置にくるようにすると、美姿勢＆美脚をキープしやすくなります。

NG

片脚に重心をかけ立っている

料理をしている時や電車に乗っている時など、どちらかの脚に重心をかけていませんか？　これこそ悪しきクセ！　片脚に重心をかけると、筋力バランスが崩れ、太ももやふくらはぎがパンパンに張ってしまいます。

OK

両脚重心でまっすぐ立っている

左右の脚にバランスよく体重を乗せ、地面に対して垂直にまっすぐ立ちましょう。お尻を軽く締めると、正しい重心を取りやすくなり、腰痛などの不調も解消されます。

NG

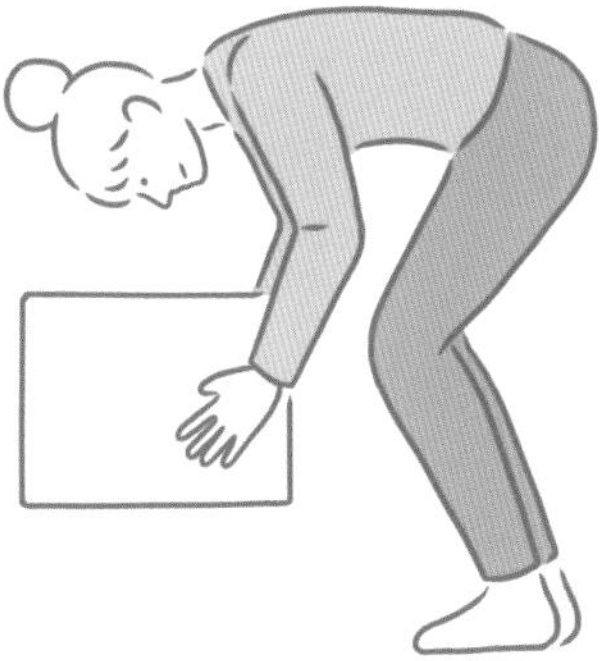

腰を丸めて物を取る

落とした物を拾う時、ついつい面倒だからと、股関節ではなく、腰を丸めがち。これは腰に相当な負担がかかり、腰痛やぎっくり腰を引き起こす可能性があるので、絶対に避けましょう。

OK

股関節を曲げて物を取る

物を拾う時は、腰を曲げるのではなく、股関節からしっかりと曲げる意識を持つこと。すると、腰への負担が減るのはもちろん、お尻や脚の筋肉も効率よく使えて、一石二鳥！

EPILOGUE

今回のトレーニングを実践して、脚が長くなったり、体が変わる楽しさを実感された方も多いと思います。そう、やらなければ何も変わりませんが、やれば意外とすぐに変わるんです！

私もヨガインストラクターになりたての頃、自分の脚が本当に嫌いでした。もともとスタイルがいいと胸を張って言えるような体形ではなかったのですが、ヨガスタジオの受付をしていた時に、何時間もフロントに寄りかかって立っていたら、ふくらはぎがどんどん太くなっていったんです。「これはマジでヤバイ……」と思い、それから頑張って体作りを始めました。

しかし、私たちは生きているだけでも毎日やることがたくさんあって、体作りだけにたくさんの時間を割くことはできません。だからこそ、できるだけ効率よく、そしてラクにボディメイクできるメソッドを開発しました。怠け者の私の意地です（笑）。そのおかげで、コンプレックスだったふくらはぎもなんとか細くなり、脚がキレイと言っていただけるようになりました。その時に私が実践したトレーニングをこの一冊に集約。驚くほど簡単ですが、正しい体の使い方ができるように作られているので、効果は抜群です。

私は、長年抱えていたコンプレックスから抜け出した自分をずっと好きでいるために、今もボディメイクを続けています。体を動かすのは正直面倒くさいのですが、簡単だし、やるとすぐに効果が出るので続けられています。

体を変えたいという思いがあれば、いつからでも変わることができるので、まずはこのトレーニングを頑張ってやってみてください。

もっとやる気が出たら日々の習慣にしてみてください。自分の好きなボディラインを手に入れて、ポジティブに楽しく生きていきましょう。

廣田なお
Nao Hirota

〝みんなが気楽に集まれる場を作りたい〟という想いからヨガスタジオ設立を決意。銀行退職後、大手ヨガスタジオにて年間数百本のレッスンを経験し、2017年、東京都目黒区にボディメイクヨガスタジオ「HOME」をオープン。

「自分を好きになろう」をモットーに、自分自身が納得できる体作りをベースとしたオリジナルメソッド「美筋ヨガ（ほぐす＋伸ばす＋鍛える）」を考案。

現在は、すべてのレッスンをオンラインに切り替え、「美筋ヨガオンラインサロン」「オンラインスタジオHOME」の運営や、YouTube「美筋ヨガチャンネル」の配信を行っている。

SNSのフォロワー数は48万人を超え、メディアやイベントへの出演、法人クライアントのニーズに合わせたオリジナルレッスンの開発など、多方面において幅広く活動中。

著書に『ラクしてやせる美ボディ習慣 美筋ヨガ』（マイナビ出版）、『たった5日でウエスト-7cm 美くびれデザイン』（幻冬舎）などがある。

STAFF

執筆協力　鈴木恵美
撮影　内山めぐみ
ブックデザイン　細山田光宣＋グスクマ・クリスチャン＋
狩野聡子（細山田デザイン事務所）、
横村 葵
ヘア＆メイク　yumi（ThreePEACE）
イラスト　松田奈津留
編集協力　髙橋マシ、渡邉有里子

10分で4㎝伸びる!細くなる!

脚長革命

2023年7月20日　第1刷発行
2023年7月30日　第3刷発行

著　者　廣田なお
発行人　見城 徹
編集人　福島広司
編集者　杉浦雄大　真鍋 文

発行所　株式会社 幻冬舎
〒151-0051 東京都渋谷区千駄ヶ谷4-9-7
電話：03(5411)6211(編集)
03(5411)6222(営業)
公式HP：https://www.gentosha.co.jp/

印刷・製本所　近代美術株式会社

検印廃止

万一、落丁乱丁のある場合は送料小社負担でお取替致します。小社宛にお送り下さい。本書の一部あるいは全部を無断で複写複製することは、法律で認められた場合を除き、著作権の侵害となります。定価はカバーに表示してあります。

©NAO HIROTA, GENTOSHA 2023
Printed in Japan
ISBN978-4-344-04131-8　C0095

この本に関するご意見・ご感想は、
下記アンケートフォームからお寄せください。
https://www.gentosha.co.jp/e/